效益的源泉

捕捉生活中的经济学身影

熊秉元 著

人民东方出版传媒
東方出版社

图书在版编目（CIP）数据

效益的源泉：捕捉生活中的经济学身影 / 熊秉元 著. — 北京：东方出版社，2016.6

ISBN 978-7-5060-9102-2

Ⅰ. ①效… Ⅱ. ①熊… Ⅲ. ①经济学—研究 Ⅳ. ①F0

中国版本图书馆CIP数据核字（2016）第147936号

效益的源泉：捕捉生活中的经济学身影

（XIAOYI DE YUANQUAN BUZHUO SHENGHUOZHONG DE JINGJIXUE SHENYING）

作　　者：熊秉元

责任编辑：张军平

出　　版：东方出版社

发　　行：人民东方出版传媒有限公司

地　　址：北京市东城区东四十条113号

邮政编码：100007

印　　刷：三河市金泰源印务有限公司

版　　次：2016年7月第1版

印　　次：2017年1月第2次印刷

印　　数：8001—13000册

开　　本：660毫米 × 980毫米　1/16

印　　张：14.75

字　　数：174千字

书　　号：ISBN 978-7-5060-9102-2

定　　价：38.00元

发行电话：（010）85924663　85924644　85924641

※ 人是环境的动物，因为人是成本效益的动物。

※ 我们处理过去，是为了未来。

※ 道德不是来自于圣人哲王的提携教诲，而是来自于市井小民的自求多福。

※ 道理最好浅中求，因为真佛只讲家常话。

※ 革命不是请客吃饭，改变政权如此，改变思维亦然。

※ 信念最好立基于事实，而非想象；公共政策最好立基于事实，而非信念或想象。

……

目录
Contents

027 第三章 敬鬼神

不少人认为，宗教和科学是不相容的两回事。不过，无论是基督教、佛教还是其他宗教，都有长老、牧师等神职人员布道或传教。无论义理的内容如何，显然都诉诸人的理智。

敬鬼神之一 029
敬鬼神之二 032
科斯定理和两岸冲突 034
琢磨 037

039 第四章 香港大埔的许愿树

人不为己，则如何？社会现象都不是凭空出现的，在社会现象的背后，都有支持的条件。试着归纳出“现象”和“支持条件”之间的关联，便可以去解读其他的社会现象。

人不为己，则如何？ 041
香港大埔的许愿树 045
天使手里的预算书 049
琢磨 052

055 第五章 大象国有化之我见

多元的价值之间，最好彼此支撑而又相互竞争和制衡。市场和政府之间，比较容易形成竞争和制衡；而行政部门和司法体系之间，要形成竞争和制衡显然要困难得多。对于东方社会而言，更是艰巨的挑战。

向女王说不 057
警察捉小偷的故事 060

香港社会里务实求利的精神，和地理位置以及市场经济有关；崇尚法治的传承，和港英治理有莫大的关系。香港经验能不能扩充和移植到其他的华人社会，在理论和实际上，都是不折不扣的大哉问！

经济学者在意的，是不同的事物在彼此的衬托下所呈现出的状态。同时更加关注价值在时空中的变化，以及这种变化所透露出的讯息。他们希望能阐明价值的内涵、价值体系的特性和价值变迁的脉络。

好价值的出现，是有条件的！真正的“新中间路线”，是让经济活动有更大的空间。当市场规模变大之后，就更容易雕塑出稳定持久的专业价值。再加上一点时间和运气，也许才能真正“从沉沦中提升”！

107 第九章　识者克鲁格曼，智者张五常

张五常和克鲁格曼的文章，提供给读者不同的养分。张五常的文章，满足了读者智识上的好奇；克鲁格曼的文章，则是添增一个现代公民对经济活动，乃至于大势所趋的了解。

121 第十章　执真理之手

专业伦理的孕育，是一段漫长的过程。而且，专业伦理，往往是在专业竞争的过程里，自然而然得到的副产品，而不是希望有就有、希望来就来的。

137 第十一章　象牙塔里的象牙世界

在象牙塔里研究象牙问题，可能还是五谷不分。不过，存在着象牙塔本身，不就反映了已经沉淀和蓄积出某种可贵的价值吗？

价值，最终是由主观所认定。客观的价值，是指主观价值重叠的部分，而不是超越众人之外的独立存在。根据主观价值所发展出的典章制度，决定了价值的结构，因而进一步影响人的作为。

无论哪一种宗教，只要历史久、从者众，往往都已经发展出很精致深刻的思维。从自然科学和社会科学出发，都可以做学理智识上的探讨，添增对宗教教义的体会，丰富宗教的内涵。

抽象来看，道德和法律都是“游戏规则”。在法治不上轨道的社会里，只好多依赖道德。可是，在法治很上轨道的社会里，道德的重要性是不是就自然而然地式微了呢？在成熟稳定的社会里，道德和法律这两者之间的比重和组合，到底是如何呢？

在司法体系里，经济力量依然发挥作用——“杀鸡用鸡刀，割牛用牛刀”，表面上是法律原则，其实是不折不扣的经济逻辑：杀鸡用牛刀，成本太高，成本高的事，常人不会做，司法体系当然也不会浪费资源。

对于华人社会而言，法治多半还停留在“依法而治”和“人治”的纠缠里。发展经济，只要让每个人自由地参与经济活动就可以逐渐有成果；发展法治，又有什么适当的途径呢？

序

为经济学的普及请命

我曾应邀到台湾的一所小学去演讲，对象是中高年级资优班的一群小朋友。他们的老师很用心，自己设计了一套“经济学”的教材，而因为看了我的书，所以请我去和小朋友谈一谈。

小朋友们聪明可爱，问了许多有趣的问题。他们把问题写在小纸条上，我在档案柜里还存了其中的几张。演讲完后，几位老师表示，过去他们把经济学界定在对于商品劳务的探讨上，经过我的阐释，他们发现经济学不只是探讨“价格”的问题，而且也处理更一般性的“价值”问题。

他们还送我一套录像带，是美国小学里经济学的教材。后来在看经济学的文献时，发现美国一般高中里也有经济学的选修课。美国经济学学会还曾经组成项目委员会，评估高中经济学课程的教学效果，而且公布评估的结果。显然，在美国从小就有经济学的教育，循序渐进，而且这是对一般学校的学生，而不是只针对商业学校。

我想，美国教育体系对经济学的重视，主要是体会到经济学和资本主义社会密不可分。在现代的资本主义社会里，经济活动已经成为主导的力量，人的衣食住行乃至于工作家庭，都和经济活动息息相关。因此，一个现代公民，必须具备基本的经济学知识。有了基本的了解之后，消极的，可以在经济起伏里自保；积极的，可以通过参与经济活动，追求自己的福祉。

对于一个以资本主义（精神）为主的社会而言，经济学显然很重要。相形之下，对于一个以伦常道德教化为主的东方社会，经济活动似乎不是关键所在。可是，这事实上是一种错觉，而且是很令人惋惜遗憾的错觉……

在社会科学里，政治、法律、社会、经济是公认的主要学科，而且每个学科都有自己悠久辉煌的历史，也都累积出非常可观的智慧结晶。在人类摸索前进的过程里，也都曾经在某些转折点上，发挥关键性的影响。不过，自 1960 年起，经济学的发展，已经使这些学科之间的界限变得模糊，而渐渐有一枝独秀的趋势。主要的原因，是经济学者带着他们的分析工具，大举进入其他的社会科学领域，而且已经有非常璀璨的成果。

在社会学方面，盖瑞・史丹利・贝克（Gary Stanley Becker）是众所周知的人物。利用经济学的分析工具，他深入地探讨了家庭里父母子女的互动、人力资本、教育等，传统上属于社会学的研究领域。当他在 1992 年获得诺贝尔经济学奖时，他同时是芝加哥大学经济学系和社会学系的教授。

在政治学方面，詹姆斯・麦吉尔・布坎南（James McGill Buchanan）和戈登・塔洛克（Gordon Tullock）联手，开创了一个全新的研究领域——公共选择（public choice）。利用经济学来分析政治现象，从根本上改变了政治学者和经济学者对政治过程的看法。现在，“公共选择”已经是经济学里不可或缺、并且是最有活力的研究领域之一，不但在“经济学原理”的教科书里有专章讨论，“公共选择”的专有名词也往往成为“政治学”教科书中的用语。布坎南在 1986 年获得诺贝尔经济学奖，可以说是实至名归。

在法学方面，罗纳德・哈里・科斯（Ronald Harry Coase）的故事更是脍炙人口。他在 1960 年发表的论文《社会成本的问题》不但是经济学里被引用次数最多的论文，也是所有法学期刊里被引用次数最多的论文！这篇论文引发了“法律经济学”这个新的领域，对传统法学造成革命性的冲击。当科斯在 1991 年获得诺贝尔经济学奖时，不但经济学界额手称庆，法学界也多认为是迟来的正义！

经济学和其他社会科学的互动，基本上是单方向的。当经济学的版图逐渐扩充时，其他的社会科学并没有反方向的举动。造成这种现象的，主要和学科的性质有关。经过对人类活动长时间的观察和淬炼，经济学已经发展出一套基础扎实的行为理论——人不只是在市场里会趋吉避凶，在其他的活动上显然也是如此。相形之下，社会学的理论往往是一家之说（韦伯、杜尔凯姆等），而不是放诸四海而皆准的一套理论架构。在政治学和法学里，情况也很类似。因此，理论上的优势，使经济学者可以带着自己的分析工具（好像是一把万能钥匙），去探索其他领域的奥妙。相反的，其他社会科学的研究者，却没有能够相抗衡的理论。

不过，理论上的优越性只是故事的一半，另外半个故事和这些社会科学所研究的问题有关。在经济学里，大致分成“微观经济学”和“宏观经济学”。微观经济学探讨的主题，主要是个人、家庭、厂商、市场结构；宏观经济学所探讨的主题，主要是整个经济的物价水平、就业情况、经济增长等。可是，在微观和宏观之间，事实上还有一些“中层问题”（middle range issues）。当个别消费者的偏好相加，会成为一群消费者。这些消费者群的偏好不再是个人的偏好，但也不算是整个社会的偏好，而是介于两者之间的一种现象。同样的，产业和产业之间的消长，也不是微观和宏观层次上的问题，而是处在两个层次之间。就目前经济学的发展而言，最强的是微观经济学的部分，因为研究主题明确、焦点集中。在宏观经济学部分，虽然有各式各样的模型，也有强调微观基础的宏观架构，但是因为处理的层次过高、涵盖面过广，到现在为止还没有众议佥同的理论。对于“中层问题”而言，以现有经济学的分析工具，事实上还不太能有效地处理。

由研究主题上的划分，就比较能体会经济学和其他社会科学互动的差异。以社会学而言，虽然个人和家庭也是研究重点，可是整个学科的关键，与小区、社会化、宗教等“中层问题”有关。同样的，政治学所探讨的，主要是政党、选举、政治文化这些“中层问题”。对于中层问题的分析，经济学并没有好的分析架构，社会学和政治学也没有，所以，虽然经济学和社会学以及政治学的互动已经有相当的成果，可是大部分是集中在“微观经济学”的领域里。

相形之下，法学分析的重点，就是几千年来原告被告之间的纷争，而这正是微观经济学的专长（消费者和生产者的对峙）。因此，在经济学往外扩充势力的发展上，“法律经济学”的成果最为丰硕。法律经济学的专业期刊已经有不下十种，而且还在持续地增加，这都不是“经济社会学”和“经济政治学”（公共选择）所能望其项背的。因此，经济学和其他社会科学结合之后的果实，主要和两个学科所处理问题的性质有关。

不过，即使在不同的社会科学里，经济学者努力的成果有程度之分，经济学的基础性和重要性已经显露无遗。学习经济学，不只是了解资本主义社会里的经济活动，更重要的是掌握一套分析社会现象（而不只是“经济”现象）的工具。对于一个强调伦常道德和风俗习惯的传统社会而言，更值得以经济学的分析工具了解和掌握伦常道德和风俗习惯的意义，并且与时俱进、日新月异。譬如，在农业社会里，因为要一起耕田除草收割储藏，天灾人祸时还要互通有无，所以兄弟之间必须要有浓厚的“手足之情”。在工商业社会里，兄弟之间不需要在生产消费保险上彼此支持，手足之情的内涵自然有所不同。

关于“经济学教育”这个问题，我觉得在高中、初中的课程里，值得加入经济学的科目。对于人的思维和行为，经济学的世界观会有非常深远的影响。

当然，我也知道，如果要把经济学当做像数学、物理、化学一样的基本课程，一定会引起社会学者、政治学者、法律学者的异议。相信他们也能为自己的学科讲出一番道理，也都会希望自己的学科是基本课程的一部分。对于这个问题，我似乎也想不出什么好主意。不过，在大处着眼之外，可以采取小处着手的方式：希望借着一般性的文章，借着每一个人日常生活里都会遇到的事物，阐明经济学对这些社会现象的解释。因为，看经济学的专业论文的人少，而看一般性的文章的人多，影响力也大。

诺贝尔经济学奖得主乔治·约瑟夫·施蒂格勒（George Joseph Stigler）曾经说，经济学者总是带着一种传教士的情怀（the economist as preacher），念兹在兹地希望能宣扬经济学的教义。对于他高瞻远瞩的视野，我心有戚戚焉，也希望对经济学教育的期望能早日实现！

2016年5月于杭州

第一章

华人性格中的菊花与刀

小事实际，大事抽象；小处讲利害，大处论道德。由历史和文化的角度琢磨华人社会的特质，饶有兴味。由现实转向历史文化，虽可能是一种逃避，也可能真正找到问题的症结所在！

花样的年华，草般的岁月

1936年的一天，在上海一家豪华酒楼里，有个奇特的聚会。十余位来宾，都是七十开外的耄耋长者。他们有几位穿西装，但多半穿的是中式长袍或马褂，还有好几位头上戴着传统的小圆帽。在外观上，他们举止从容优雅，看得出是受过良好教育，经过大风大浪，是华人社会里不折不扣的长者尊者。但是，虽然他们浑身上下都散发出浓浓的中国气息，他们彼此之间却以流利的英语交谈，而且是地道的新英格兰口音。更令人讶异的是，他们虽然已经年逾古稀，彼此却都还谑称："囡仔"（boy）。

他们确实很特别，因为他们有极其特殊的身份和头衔——他们是硕果仅存的"大清留美幼童"！

在1872年到1875年之间，大清帝国前后选派了120位幼童，送到美国留学，他们的年龄，在9到15岁之间。按照计划，他们将住在美国家庭里，在美国读中学，进军事院校或大学理工科系，然后回国服务。虽然后来计划因故终止，但是在美国近十年的熏陶，已经让他们与众不同。他们之中最著名的，一位是修建中国自主设计的第一条铁路的詹天佑，另一位是中华民国第一任内阁总理唐绍仪。

无论在中外历史上，大清幼童的际遇，都是很奇特的一页。在这个过程里，有几位关键性的人物。首先，容闳是一切的推手。他因缘际会，由香港到美国求学，从常青藤名校耶鲁大学毕业。眼见西方文明之盛，再回头看大清社会的腐败落后，他觉得唯有师法西方，而且从根救起，才可能振衰起弊。他所想到的，就是大量选派幼童，到美国受完整的教育，再回国一展所长。

容闳的抱负，如果没有曾国藩的鼎力支持，当然不可能实现。晚清时期，曾国藩在朝廷上有举足轻重的地位。然而，即使位极人臣，曾国藩还是要小心翼翼。环伺左右的，多的是怀旧排新、仇洋恨外的势力。稍一不慎，不但幼童留洋的计划功亏一篑，他自己的地位都可能受到影响。

与容闳和曾国藩相比，吴子登算是名不见经传的小人物。然而，留美幼童整个计划的转折，却是由他而起。幼童到美国之后，集中在康涅狄格州（Connecticut）的首府哈特福德（Hartford）。为了就近照顾，也为了督导幼童，清廷在当地设了“留学事务局”，还派了督导人员。吴子登，就是事务局的第四任主管。他到任之后，在周末按惯例召集幼童，教授四书五经。可是他发现，在美国家庭待上一段时日之后，这些幼童们已经沾染当地自由开放的习气。他要求幼童行跪拜礼、背诵古籍、态度驯服谦抑，幼童们不服，更受不了他的鞭笞和呵斥，于是冲突日益严重。

吴子登禀报清廷，长此以往，这些幼童将与西人无异，不再以圣人教化为依归。一连串的奏折，再加上国内外政治情势的风吹草动，清廷终于下令，终止留美计划，全体幼童分批返国。幼童们等于是犯错被遣返，所以千里迢迢回到故土之后，受到监视拘禁，类似犯人的待遇。

1884 年，中法海战，法国军舰（铁壳船）和清廷的军舰（木壳船），在闽江口马尾附近交战。一阵炮声隆隆、硝烟散去之后，半个时辰不到，清廷的福建水师全军覆没。被分派到福建水师的几位留美幼童，花样的年华就此画下急促的句点。1894年，中日甲午战争爆发，在黄海海面，清廷的北洋海军受到重创，又有好几位留美幼童壮烈牺牲。

其他幼童的际遇，没有这么悲壮。不过，这些在美国土壤上迎接阳光、日益茁壮的精英，就在清朝倾颓、民国肇始的动乱岁月里，像草芥一般随风飘舞、自求多福。

对于容闳、曾国藩、吴子登而言，他们的所作所为，可以说都是合情合理的。容闳，基于自己的信念，推动幼童留美，数十年而不悔。曾国藩，考虑到朝廷情势、自己的政治处境，也只能顺势而为。吴子登，对美国风土人情陌生隔阂，坚持“中学为主、西学为末”，他认为幼童应该尽速回国，避免持续受污染，也是出于一片善意。

当然，幼童留美政策中途而废，可以有诸多揣测。如果幼童的年龄再大一些，会不会好一些？如果就近照料监督的不是吴子登，政策是不是会持续？如果一切照计划进行，幼童源源不断地送到美国，学成之后也持续地回国投入社会，清廷的命运乃至于中国近代史，会不会就此改写？这些假设性的问题，令人好奇、引人遐思。不过，更根本也更重要的问题是，由历史、旁观者的角度来看，大清幼童留美的做法，到底意味着什么？又透露出哪些问题？在一个正常稳定的社会，同样年龄的小朋友可能会出国旅游，到异地去接触不同的风土人情，但是，他们不会被移植到万里之外，在截然不同的土壤里成长，肩上还背负着救亡图存的重责大任！

中国历史上，一旦社会面对重大变故，特别是瘟疫虫害水患等天灾，朝廷就昭告天下，皇上下诏罪己。然后，选个黄道吉日，皇上斋戒沐浴，登坛向上天祈福，并且恳切承诺，以后会更克己复礼、崇道修德。千百年来，同样的戏码一再上演。

18世纪工业革命之后，带来了蒸汽机、火车、轮船等。西方列强的势力，活生生血淋淋地闯进自居为中土的古老帝国。一连串的挫败和羞辱，不仅是有识之士，连老大的朝廷都意识到，下诏罪己、祷告祈福的举止，已经无济于事。继之而起的，是呼吁船坚炮利、中学为体西学为用，乃至于全盘西化。留美幼童，就是这种时代背景之下的产物。

和斋戒沐浴、下诏罪己相比，选派幼童留美的做法当然要踏实得多。然而，考虑当时的主客观条件，这毕竟只是一种出于善意、想当然的企图而已。以一小群受过现代教育的幼童，就希望能扭转一个庞大无比的古老体系，不但清廷无从配合，社会其他部分更是鞭长莫及。毕竟，社会要能长治久安，需要的不仅仅是一套能正常运作的典章制度，还需要在面对考验时，有适当的机制，能因应、调整、自我更新。幼童留美计划的波折乃至于中辍，并不是偶然，而几乎是必然。

历史学者黄仁宇曾经写道："新中国成立（1949年）之后，已具备数字管理的能力。"如果他有机会接触大清留美幼童的史料，再想想中国历史上面对变局和考验时的做法，可能不会有如此天真、乐观、简单的判断吧！

华人性格中的菊花与刀

第二次世界大战期间，美国和日本是交战双方，为了更了解对手，美国政府的“战争情报办公室”（Office of War Information）请人类学家鲁思·贝内迪克特（Ruth Benedict）出马，研究日本人的性格。她的研究成果，后来出版为一本书，名为《菊与刀》（*The Chrysanthemum and the Sword*）。

她认为，日本人的性格，是一种奇怪的组合：既有菊花般的雅致、内敛，又有刀剑般的坚韧、刚烈。两种特性，彼此矛盾，又是极端的对比。然而，在地理、历史、自然条件的雕塑之下，大和民族就形成了这种令人又困惑又着迷的性格。《菊与刀》出版之后，广受好评，连日本人都觉得贝内迪克特观察入微。这本书已经成为经典，是了解日本文化和日本人的必读之作。那么，如果要勾勒华人性格，又会得到什么图像呢？

华人社会，地广人众，华人历史，上下五千年。以简单的概念囊括十数亿人口的特性，自然是捉襟见肘、挂一漏万。不过，以闲情逸致、无伤大雅、治大国如烹小鲜的心情，揣测华人的性格特质，也饶有兴味。仔细琢磨，华人的性格，似乎也是一种对立而矛盾的组合：小事实际、大事抽象；小处讲利害，大处论道德。

华人性格上的特质，可以从小处开始揣摩。传统文化里，忠和孝这两种特质都很重要。但是，和日本人相比，取舍却刚好不同。日本的文化里，“忠”比“孝”来得重要；华人文化里，“孝”却比“忠”来得重要——强调“忠孝不能两全，移孝作忠”，可见一斑。这种对比，当然和两个社会的历史经验有关。

日本的海岛地形崎岖，分散各地的小区域，逐渐形成类似藩镇割据的结构。农民和武士，都隶属于各地的藩主。藩主提供保障，农民和武士则贡献劳力和服务，彼此唇齿相依。要维系这种关系，“忠”显然比“孝”重要。华人社会的历史经验，主要是绵延数千年的农业活动。绝大多数民众，以农耕自给自足，地理辽阔，帝力于我何有哉。然而，朝廷皇上也许远在天边，虫旱水灾和瘟疫却常在左右。而且，农事耕作上需要人手，生老病死、婚丧嫁娶，最好能互通有无。因此，大家庭、数代同堂、妯娌宗亲等，目的都在发挥保险互助的功能。在这种环境之下，“孝”的功能显然要大过于“忠”，表面上是伦理道德，实质上是成本效益。

华人文化里重视伦常关系，正是有力的佐证。人际交往时，血缘关系固然重要无比，对于没有血缘关系的人，也会试着纳入伦常的体系，成为“近似”（pseudo）的血缘关系。年龄比父亲大的长辈就是“伯伯”，年龄小的就是“叔叔”。和自己年龄相似的同侪，不是“兄”就是“弟”。一旦纳入伦常体系，彼此在举止应对上要容易得多，而且循着伦常关系，就能发挥彼此与援的功能。因此，抽象来看，华人性格中重“实际”的特质，可以说是环境使然。在主观和客观条件的雕塑之下，重实际可以自求多福、趋吉避凶。一旦把范围扩大，华人性格里“抽象”（也就是不实际）的特色，同样是环境使然。

地理上，“中原”是面积辽阔、平坦完整的一大片土地。南方的寮越、高棉等，有丘陵峡谷高原等相隔，历史上从来没有因“北侵”造成困扰过。左边有沙漠阻绝，形成天然的屏障，零星的商旅僧人，可能往返跋涉，但是大规模的军事行动，却鞭长莫及。右边是大海，船坚炮利之前，不成问题。剩下的，只有北方来的强敌。因此，只要能挡得住北方的威胁，中原大地自成体系，唯我独尊。

在这种特殊的地理条件下，历代朝廷无不自视为“中土”，皇上自居为“天子”，大一统的思维应运而生。英国和印度，都曾是独霸一方的强权。然而历史上，英国始终和欧洲大陆的德法等国交流竞争，印度和中东伊斯兰教文明的互动往返，也无日无之。两相对照，华人的历史经验，和英国以及印度大不相同，因为地理上的特殊结构，华人文化自成一格，而且定于一尊。

然而，要统治幅员辽阔的帝国，毕竟不容易。交通不便、人口众多、各地民情风俗迥异，在中央集权之下，要用同一套具体明确的规则，操作上很困难。最好的办法，是发展出一种抽象的规律——简单易懂，但是在解释和运用上有很大的弹性，可以因地制宜。仁义道德，正好具有这些特质。四书五经成为圣人教化，朝廷再以这些道德理念操作官僚体系，官僚体系，以同样的道德理念治理政事。

形式上，由中央到地方，似乎有一以贯之的游戏规则。实质上，道德理念有太大的阐释空间，好恶系于一念之间。更重要的，是道德理念只是花拳绣腿，挥舞起来虎虎生风，令人目眩神摇，然而虚有其表，用来党争倾轧可以，碰上天灾、异族入侵或洋枪大炮，可就无济于事。

以道德理念处理国家大事，而不是诉诸公共政策的利弊得失，显然无稽。没有敌国外患时，好坏差别不大，一旦真的碰上问题，当然就荒腔走板。朝廷可能就此寿终正寝，一切重新来过。然而，即使改朝换代，大环境的基本结构，依然健在。因此，数十百年之后，改朝换代的事就再度上演。长此以往，以中央集权治理百姓，以道德信念处理公共事务，当然对一般民众产生影响。老百姓不能在公领域里表达意见，只好在私领域里自求多福。小事实际大事抽象，小处讲利害大处论道德，华人性格中矛盾的组合，真是有以致之。

然而，人类历史毕竟不是一再重复的戏码。工业革命之后，经济活动像滚雪球般地膨胀扩大。古老的帝国，已不再是离世索居的中土。国际间的交往愈益频仍，文化间的竞争也日益激烈。因缘际会，华人世界里，香港和台湾又已经发展出独特的法治和民主。长远来看，这些经验想必对华人性格有滴水穿石般的影响。

千百年之后，日本人是否还是“菊花与刀”，而华人是否还是“小事实际，大事抽象”，确实令人好奇！

私利与公益的起承转合

华人社会，公私之间的微妙关系，已经有许多论述。譬如，缺乏公德心，公认是华人社会的通病。不过，另外两种常见的现象，却较少见诸文字。

一方面，传统教育里反复强调：读圣贤书所学何事？就是要齐家治国平天下！君子之道，公尔忘私。忠孝不能双全时，要移孝作忠。因此，抑私而崇公，私利要让位给公益。另一方面，许多官署的文书，以关防用印，却不见负责人的名姓。民众所面对的，是冷冰冰、空洞抽象的公务机关名号。还有，许多读者来信，没有署名，似乎不敢让自己名字曝光，有点见不得人的忸怩。

这些奇怪甚至彼此矛盾共存的现象，反映了华人文化里，对于公私的处理，以及相对之间的关系，似乎一直缺乏一种健康正面的认知。经济学强调，人是理性（能思索）而自利（追求自己认定的福祉）的，对于和公益 / 私利相关的问题，也许能稍稍野人献曝！

有几个常见的误解，值得先作澄清。首先，私利和公益之间，是彼此冲突，彼此不兼容。对于这种直觉，让证据来说话：牛奶一瓶成本 30 元，卖 50 元。消费者买了之后，（假设）得到 80 元的快乐，因此，卖方和买方各逐其利。可是通过交易，双方互蒙其利，两人的福祉"同时"增加，两人的权益"都"受到照顾，因此私利和公益同时上升。

其次，公益没有大小，因为不能量化。这种误解，一般人不会有，但却偶尔见诸读死书的饱学之士。公益当然有大小之分，就像利益也有大小之分一样。小学生的利益（公益的一种）、中小学生的利益、全体学生的利益和所有师生的利益，当然是范围不同、由小而大。而且，大小美丑善恶对错等价值，都是排序（ordering）的观念，1、2、3、4 等数字是数列（numerical）的观念。公益的大小和排序有关，却和量化没有直接的关联。事实上，民主代议的程序，就是在大小不同的公益 / 私利之间，处理如何取舍的问题。

再次，一旦面临公益，私利必须让位。这种错觉，值得小心斟酌。当公益和私利竞争冲突时，就如同处在天平两边，两边的轻重如何，要看其他相关的条件。日本成田机场兴建时，引发附近居民激烈的抗争。最后，机场更改设计，跑道缩短，并且调整方向。飞机起降和机场运作吞吐，每年不知要增加多少成本。而且，以后世世代代，只要机场营运一天，就要多承担这些成本一天。

然而，在私利和公益冲突时，私利（民众的产权）超过公益（机场营运、旅客权益等），公益让步。当然，在抽象的层次上，尊重私有财产本身就是一种公益。长远来看，私有产权的稳定，超越一个机场的得失！

这种转折，事实上就触及了公益和私利最根本、也最核心的问题，两者之间的关联，到底是什么？追根究底，答案其实很简单：公益，是由许许多多的私利所组成，私利交集的部分，就是公益。因此，单身汉的利益是私利，结婚后夫妻共同的利益，就是两人之间的公益；两人和孩子及亲戚的共同利益，就是这个家庭的公益，等等。

诺贝尔奖得主科斯，以两篇传世论文得奖，其中之一名为“社会成本的问题”（The Problem of Social Cost）——全文主旨一言以蔽之：只有私人成本，没有所谓的社会成本。

对于私利和公益，也可以如是观。虽然这是较极端的描述，却一针见血、直指鹄的！

琢磨

我曾应邀到位于宜兰礁溪的玄奘大学演讲。主人是行文时自称“台史公”的许介麟教授，曾任台湾大学法学院院长。他是日本东京大学科班出身的博士，对日本了解很深。在细雨蒙蒙的北回铁路上，我们聊起日本人的性格。他仔细解释，对日本人而言，“忠”比“孝”来得重要。这是他的观察体会，我不敢掠美。

这几篇文章，都是希望提升视野，由历史和文化的角度琢磨华人社会的特质。由现实转向历史文化，可能是一种逃避，也可能真正找到问题的症结所在！

第二章

经济学和人性之辩

有“社会科学之后”美称的经济学，在历来学者的努力下，已经累积出很可观的智慧。经济分析，以人的特性——理性自利——为起点，处理的问题，包括价格和价值。

第一堂星期五的课

前些年，我在研究所开了一门“法律经济学”。修课的，大都是法律研究所的学生。在联考里，法律系的分数一直是名列前茅。学生们的资质，当然不在话下。可是，我却觉得，经过四年的法学熏陶，这些英才似乎都被磨成了思维僵化、只会考试的中等之资。

我希望，有机会能教法律系大学部的课程，能“从根救起”。2004 学年开始前，系里排课，教法律系大一经济学的老师刚好休假，没有人接手。我自告奋勇，愿意从城中区回到总校区（半小时的车程）教这门课。法律系分成三组，其中财经组必修经济学，另外两组（法学和司法），经济学是选修。每组学生有 50 位，所以我猜修课同学大概会有 80 位到 100 位。上课的规模并不理想，但是差强人意。

处理稀少性资源的运用

某学期开学，我接到选课名单，吓了一跳。系上开了十几个班的经济学，供经济系和其他科系的同学选修。人数最少的一班，有 23 位，人数最多的一班，有 400 位，也就是我教的那一班。即使是星期五下午的最后两堂课，也竟然还有这么多人想修。

学校里最大的教室，也只有 250 个座位。400 个人上课，有不少人要站着或坐在地上。可是，即使有更大的教室或动用礼堂，我还是不愿意修课人数这么多。我觉得对学生和对我，教学的效果都不会好。我查了一下修课名单，法律系有135人选，其余265人，来自中文、外文、历史、电机、动物、医学、物理等系，不一而足。经过斟酌，我把修课人数定为200人，只能少不能多。

因此，问题来了，要采取什么方式由265位里筛选出65位？同事告诉我，最好事先定下修课人数的上限，学生计算机选课时，先选先得，额满自动停止。可是，这是我第一次回总校区开课，没有先见之明、预为之计。

我认为比较好的做法，是能让真正想修的人，得到修课的机会，让真正的需求，能和有限的供给相会。当然，处理稀少性资源的运用，是经济学者的专长之一。处理选课人数过多的做法，我心里也慢慢有了底。最简单的，当然是抽签。可是，虽然抽签的成本最低，结果却并不合理。抽中的人，未必真心想修，没有抽中的人，可能反而志在必得。以“愿付价格”（willingness-to-pay）来筛选，可能更理直气壮。价格，当然不一定是金钱上的价格，而可以是其他的指标。

以愿付价格投标修读

以愿付价格为原则，第一种方式是一位研究生的建议。每位想修课的同学，在纸条上写下自己愿意牺牲的分数，然后来“投标”。如果愿意牺牲的分数是10，而学期考的成绩是90分，就表示由90分里扣掉10分，成为80分。愿意牺牲的分数愈多，表示修课的意愿愈强。可是，这种方法的缺点，是每个人对分数的期许不同，有些同学希望认真修课，有好成绩，对就业或出国进修都有帮助。扣分数的做法，可能反而过滤掉一些真心想修的好学生。

第二种方式，是先交一份心得报告，1000字上下，说明想修课的原因，或分析社会现象等。内容不特别重要，重要的是要花心思和时间动笔。据同事表示，这种方式很有效。可是，缺点之一，是老师或助教要花很多时间，一一过滤。

第三种方式，是我自己琢磨出来的，而且曾经小试牛刀。愿付价格，就是为修这门课，愿意从口袋里掏出多少钱！（或者，愿意为一封介绍信，付多少钱。）愿付价格高的学生，就有优先修课的权利。操作的方式，是由高往低喊价。譬如，为修这门课，愿意付200美金的举手，这时候，可能有两个人举手——如果由低往高喊，低价时举手的人会太多。然后，把价格降到180美元，再举手表示意愿。价格一路降，手也一路举，等到降到某一个价格（如30美元），累积了65位同学，喊价就停止。

这65位同学，比其他同学愿意付更高的价格，所以有选课的权利。他们每个人到邮局去，把30美金汇给任何他们想捐助的慈善团体（消费者文教基金会、慈济功德会等），然后拿着汇款收据来选课。

这种做法的好处，是明快，程序成本低，而且在实质上，和写报告的性质相去不远。写份报告，可能要花3个小时，交30美金，可能要在便利商店打工七八个小时。写了报告还不一定能修课，但是交了钱之后一定能修课。

当然，这种做法可能不见容于一般人。如果我坚持采取这种做法，我猜学生在网络上一定吵骂成一团，学生家长也可能打电话抗议。媒体知道之后，说不定来个现场联机报道。一个星期之内，我就会成为媒体追逐的对象。如果我想出来竞选民意代表、提高知名度，就应该采取这个做法。可惜，我不想。

“交钱修课”附和者稀

星期五第一次上课时，教室里果然挤了满坑满谷的人。我先表明只接受200人选修的立场，然后介绍各种筛选的方式。对于写报告的做法，台下没有异议，可是扣分和交钱的做法，却引起台下一片骚动。针对“交钱修课”的做法，我先请反对的同学举手，台下有70位左右的同学举手。我再请赞成的人举手，整个教室大概有10个人赞成。为了避免争议和反弹，我采取了交报告的方式。旁边的两位助教一脸无奈，眼神有点哀怨，而且其中有一位已经有辞意。有趣的是，下课之后有位同学过来问我：自己可不可以去捐钱，不要写报告？我一直觉得，我想出的办法，在理论和实务上都有凭有据。也许，经过倡导和论对之后，明年我真的会采取“交钱修课”的做法！

经济学的使命

最近坊间出现了一本爱情小说，名为《爱上经济》（*The Invisible Heart：An Economic Romance*）。一位高中教经济学的老师，爱上女同事，在曲折的故事里，男女主角有过一场又一场的对话。核电厂、外籍劳工、动物保育、女性主义等议题，都是他们谈心时的内容！

承蒙出版社厚爱，寄了一本给我。大概不是希望我享受这个唯智（非唯美）的爱情故事，而是希望我能为文推荐。我耐着性子看了几十页，然后决定投降。理由很简单，如果我想看爱情故事，我会去找缠绵悱恻、扣人心弦的言情小说来看；如果我想看关于公共政策的讨论，我会去找专业期刊或政论杂志来看。在爱情故事里夹杂公共政策的讨论，就像在看足球赛转播时，听解说分析足球运动和生理健康的关系；或者去听音乐会时，中场插播一段"音乐与人生"的演讲。分开来看，两者都有意义，也都很重要，可是合在一起，要多不对味就有多不对味。毕竟，约翰·福布斯·纳什（John Forbes Nash）的爱情故事赚人热泪，是因为他的人生起伏，而不是因为他的赛局论！

有这么一段联想，我自觉理直气壮、直道而言。可是，没过多久，我又开始反问自己：让爱情的归爱情、经济的归经济，这不也就是绝大多数一般人的心情和取舍吗！如果连专业的经济学者，好尚都和一般人无分轩轾；那么，我们又怎么能希望，社会大众可以有"像经济学家般的思维"？（thinking like an economist）

经济学（家）的长处所在，不就是有一套特殊却简单明确的思维方式吗？不就是有扎实的理论基础，可以改善决策质量，因而增进一般人的福祉吗？对于这种明显的扞格矛盾，经济学者能自圆其说吗？

的确，经济学虽然贵为"社会科学之后"，可是似乎只是象牙塔里的益智游戏。经济学家可以在黑板上画出漂亮的曲线图表，写出令人生畏的方程式，可是，一旦碰上现实社会，马上成了理论一大套、实际不对号的"说书人"。这和股市里凭直觉、小道消息而杀进杀出的菜篮族，又有什么差别？

具体而言，在生活里，一般人面对的最根本的问题，就是不同价值间的冲突和取舍。譬如，到底让自己的小朋友读私立学校还是公立学校，住在市区还是郊区，看日报还是晚报，听音乐还是新闻？由生活里的琐碎杂事到国家社会存亡绝续的大事，在本质上都是价值之间的冲突和取舍。那么，经济分析能如何指点迷津呢？

以货币为一切价值量尺

最率直粗糙的回答，大概是“一切向钱看”，把所有的价值，都转换成货币。既然货币是以数字来表示，因此经由货币这个共同量尺（common measurement），各种价值都可以分出高下先后。如果听音乐等于 5 美金，听新闻是 6 美金，如何取舍就再明白不过了。

当然，即使是最死忠铁卫的经济学帝国主义者，也不至于这么“唯货币论”。不过，虽然一切“向钱看”有点荒谬无稽，却也有深意。如果不以货币为共同量尺，而以其他价值（譬如快乐）为准，真实世界里的确就有屡见不鲜的例子。享乐主义者、唯美主义者、工作至上论者、家庭至上的人等，不都是以一种特定的单一价值，来衡量其他所有事物的意义吗？对于这些人而言，很容易决定自己的行为举止，对于和这些人交往的人而言，也很容易互动因应。因此，以单一价值衡量一切，不只在观念上有学理支持，在实务上也确实有人奉为圭臬、具体操作。

不过，对绝大多数的人来说，价值体系比较像是一本字典。在中文字典里，先有部首，然后是依笔画顺序排列，这个部首之后，是下一个部首。英文字典的安排，大体上也是如此。

在一般人的生活里，也有类似的结构。“友情”，像是一个部首，进入了这个部首之后，再细分成工作、同学、邻居等组群，每一组群里，再由浓密到淡疏区分成一道小光谱。一旦面临和友情有关的取舍——办公室里的同事请喝满月酒，要不要去？——就可以利用"友情"这个部首下的结构，先作出定位，然后再比较、斟酌、取舍、因应。

字典里有许多部首，价值体系里也同样的有许多部首。金木水火，是字典里的部首；友情、亲情、事业、衣食住行、生老病死、喜怒哀乐等，是价值体系里的部首。当然，字典里的各部首之间，不至于有冲突，可是价值体系里的部首之间，彼此冲突是常态。

"锯齿式"化解冲突

当部首和部首之间发生冲突时，很多人会采取一种"锯齿式"（see-saw approach）的做法。譬如，在家庭和工作这两个部首（价值）之间，先着重家庭。但是，对家庭付出一些心力之后，再投注第二股精神心力到工作上。先家庭，再工作，再家庭，再工作，就像推拉锯子一般地一去一回、一上一下、此起彼落。

有趣的是，虽然部首（价值）之间的冲突从来不曾止歇，但是聪明的人总是能琢磨出自处之道，不仅能兵来将挡地应付裕如，往往还能为自己的抉择自圆其说，找出合理化的说辞。而经济分析的贡献所在，也许就在于阐明价值体系的性质——字典式的结构。而且，还进一步提醒人们，值得多翻字典，多熟习部首（价值）之间冲突的意义，以及揣摩冲突时的取舍之道。

这么看来，借着爱情小说来探讨经济问题，也许真的没有吸引力。但是，如果以爱情小说来阐明恋爱过程里的各种冲突、挣扎、犹豫、徘徊，那可要有趣多了，不是吗？

经济学和人性之辩

每年教师节和圣诞节前后，我都会收到许多学生寄来的信或贺卡。他们常会回忆，当年上课时的情景。学生曾不只一次提到：课堂上讨论过的概念里，最有说服力的，就是“人是理性自利的！”

人是理性的，而且是自利的，这是经济学开宗明义界定人的两大特质。不过，虽然这两个特质平实无华，但每次介绍时总引起热烈甚至是激烈的讨论。为了说明人是理性而自利的，我总是举很多实例当做辅证。

譬如，前些年佛指舍利由大陆渡海到台湾接受顶礼膜拜。在台北时，是供奉在台湾大学新落成的体育馆里。我也曾和家人去瞻仰过，也感受到信徒们虔敬诚笃的情怀。当时我发现，由三楼的展示场门外开始，一直到一楼的大门口，大概每三两步就有一位僧人，托钵而立。僧人们的服饰打扮不同，大概是来自不同的教派。我的观察很简单，这些僧侣都是慈悲为怀、度己度人的大德，可是对于路过的徒众，他们是希望徒众们把钱放在自己的钵里，还是放进其他僧侣的钵里？

仅遇到两个“反证”

还有，我多半会提到，正因为人是理性自利的，所以在市场里买水果时，人们总是会拣那些漂亮的、大的、甜的水果。不知有没有人看过，有谁在买水果时尽选那些小的、酸的、丑的水果，从而把这些不好的选走，好让其他人能享受较好的水果？十几年来，我在校内校外多次提出这个挑战，以论证“人是理性自利”的立场。说来有趣，在不下几百次的场合里，我只遇到过两个“反证”。

第一个反证，是在警察大学的“警监班”。这是台湾警界最高级的班别，成员都是警界的一时之选和明日之星。我应邀上课，解释完理性自利这两大特质后，有人举手表示意见。他说，自己家附近有一个小的杂货店，麻雀虽小、五脏俱全。每次他去买饮料时，总是挑有瑕疵的铝罐。

不过，他接着解释，这么做的原因，是希望别的顾客能买到完好无缺的饮料。顾客愿意继续光顾，小杂货店能继续做生意，他也就能继续享受小杂货店的便利！所以，表面上看起来是利他的行为，追根究底之下，还是自利的考虑——理性自利的特性，经得起考验。

第二个反证，是新加坡国立大学的“高级企业管理硕士班”（Executive MBA）到台湾参观访问，并且就地上课。我受邀拷刀助阵，讨论经济学的思维。论证完理性自利之后，有一位来自中国大陆的学员发言。

他说，自己曾亲眼观察过一事例：他发现市场里有一位买鸡蛋的顾客，在鸡蛋堆里挑三拣四，尽是拣小的鸡蛋。他很好奇，鸡蛋小，蛋壳重，不是花冤枉钱？后来他忍不住问那个买蛋的人：又不是孔融让梨，何必拣小的买？买蛋的人听了笑笑，说蛋买了不是自己吃，而是要做荷包蛋和茶叶蛋来卖！不以大小而以个数计价，当然要拣小的买！

所以，表面上看起来“不自利”的行为，一明了原委，还是基于理性自利的拿捏，只是经过一点转折而已——理性自利的立场，依然经得起考验。

不过，在这个场合，还有人提出了“人性论”的争议。孟子认为人性本善，荀子认为人性本恶。据一位学员表示，中国大陆还曾经特别举办过研讨会，论证这个历史上有名的争辩。他问我，由经济学来看，人性到底是善还是恶？过去我曾经碰过这个问题，所以不假思索地答道：性善性恶，是指人出生时就有一定的特性。可是，人出生时，连话都不会讲，只是一堆血肉，怎么判断到底是性善还是性恶？我觉得，这个争议没有意义，徒然耗费时间而已。

问的人没有再追究，我也就转到下一个问题。不过，事后再想想，倒觉得“性善性恶论”和“理性自利”之间，颇可以作一些对照和比较。

无论是性善或性恶，都是一种主观上的认定，一旦以客观的实际资料来检验，立刻突显出许多问题。除了人出生时无法判断性情之外，其他佐证性善或性恶的证据，都是人成长之后的行为。可是，人成长之后，已经受到环境里诸多因素的影响，有善行也有恶行，因此两种立场都有证据支持。千百年来两派僵持不下，真是有以致之。不过，以人成长之后的行为来论证基本的人性，在逻辑上显然有相当的争议。

相形之下，经济学关于“理性自利”的立场，可以经得起严格的检验。人是大自然里的生物之一，所以也受到“物竞天择，适者生存”这个铁律的规范。自利，就是求生存和繁衍的过程里，自然而然演化成的特性。而在这个追求自利的过程里，人慢慢雕塑出思维判断的能力，所谓理性，就是帮助人类追求自利的工具。因此，理性自利，是人在和环境互动的过程里，逐渐发展而成的特质，人

"实际上"是如此，而不是人"应该"如此。

行为基于自利考虑

因为客观环境上的差异，再加上人主观条件上的不同，所以人可能会表现出性善或性恶的行迹。可是，无论表象上的行为是如何，行为底层的基本动力都是一样的——都是基于行为当事人本身、理性和自利的考虑！由这个角度来看，性善性恶说和经济分析之间，在性质上可以说是格格不入。不过，荀子曾提过的观点——"蓬生麻中，不扶而直；白沙在涅，与之俱黑"——却是以实际现象为基础建构理论。可惜，这种思维方式，似乎敌不过孔孟儒家的道德性论述。

其实，道不远人。拣有瑕疵的饮料买，是性善还是性恶？挑个小的鸡蛋买，又是性善还是性恶？

琢磨

无论是自然科学还是社会科学，每一个学科都有自己的"智慧结晶"。经过适当的联结，总是能和一般人的生活经验相呼应。经济学号称"社会科学之后"，在历来经济学者的努力之下，已经累积出很可观的智慧。以小朋友的生活经验为基础，也可以稍稍阐明经济分析的趣味和智慧。当然，其他的学科，也可以（值得）作类似的尝试。那么，对其他学科而言，所提供智慧的结晶又是什么呢？

经济分析，以人的特性——理性自利——为起点，而且处理的问题，包括价格和价值。关于这个起点，关于价格和价值，经济学的智能结晶是什么？其他学科或传统智能的体会，又是什么？

第三章

敬鬼神

不少人认为，宗教和科学是不相容的两回事。不过，无论是基督教、佛教还是其他宗教，都有长老、牧师等神职人员布道或传教。无论义理的内容如何，显然都诉诸人的理智。

敬鬼神之一

几年前有一天，大清早八点不到，一个研究生走进我的研究室。她开门见山，表示想请我当她的指导老师。

我有点意外，因为她不是经济所的研究生。她说：与其向普通的老师学个七八分，不如向功力深厚的老师学个一两分。我觉得她说得很有道理，就毫不矜持忸怩地一口答应。我问她对什么题目有兴趣，她提到因为刚失恋，正在道场修身养性、钻研佛学。我灵机一动，就帮她定下题目：《经济学对〈金刚经〉的阐释》。《金刚经》的内容，是释迦牟尼佛涅槃之前最后的开示，因此虽然全文不过五千余字，但可以说是佛教中最重要的经典之一。我一直想找机会一窥堂奥，现在刚好因缘际会。

她欣然同意，于是我一边指点她，一边自己也阅读相关论述。没想到，几个月之后，她受道场道长的影响，认为不应该从经济学的角度探索佛门经典。而后，她又决定休学，到金融机构任职。论文的事，不了了之。但是，经过一段时间的思索，我自觉对《金刚经》稍有体会，可以发而为文。当时，我刚好要远游，陪儿子和学生到新西兰和澳大利亚毕业旅行，就打算边玩边想边写。

临走前，还发生一段插曲。有天坐出租车，看到车里有些印刷品，是某个一贯道道场的课程表。仔细一看，其中竟然有关于《金刚经》的释道。司机看我目不转睛，问我是否有兴趣，我一开口，他说他就是《金刚经》的讲师！他除了在道场讲道之外，还在某个广播电台主持节目。我告诉他自己即将远行，约好回国之后和他联系，当面向他请益。回国之后，手边事忙，一直没能和他联络。没想到，有天看报纸，突然看到他的消息：在二二八事件纪念会上，有一场历史戏，他扮演当时台湾的行政首长陈仪。一不小心，他从戏台上摔下来，意外死亡！——不知道他能不能适用“二二八事件死难赔偿办法”？

到新澳之后，白天四处游览，我脑子也没闲过。晚上，学生们都去秀场看表演，或是到赌场试手气，我把儿子哄上床之后，就坐在旅馆的化妆台前，把白天所想的落笔为文。每天写 1200~1500 字，前后 8 天，也就完成一篇论文。论文的名称，就是《经济学对〈金刚经〉的阐释》，除了登在中文期刊之外，后来的英文稿也刊载在国际学术期刊。而且，后来还接到一封信，一位佛学丛书的主编表示想把那篇论文收录到他主编的丛书里——希望不是作为反面教材！

《金刚经》所蕴含的哲理，绝妙高超。譬如，“若名福德，即非福德，是为福德”，译成白话文，大意是：做善事时，心中不该有“我在做善事”的念头，若有这种念头，就不算真的在做善事。摒弃这种念头，才真正是善事。老子的“道可道，非常道”，也有类似的理念。不过相形之下，《金刚经》的义理多了一个层次，也就是第三个步骤的“是为福德”。当然，老子的支持者会强调，“无名，天地之始”的意境更为超绝！

依我浅见，《金刚经》的核心思想之一，是“离相无住”的概念。以白话文来表述，约略是“抹去自我”。对于这个概念，有位德国哲学家塞尔日－克里斯托夫·科尔姆（Serge-Christophe Kolm）这么譬喻：抹去自我，就像一条大蟒蛇由尾巴开始吞下自己，吞到最后，即使自己没有完全消失，也所剩无几。另外有一位韩国学者韩泰东（Tai Dong Han），是美国普林斯顿神学院（Princeton Theological Seminary）的哲学博士，他曾在著名学术期刊发表论文，用交集、并集等数学符号，证明《金刚经》和《圣经》里的思维是相通的。而他对“抹去自我”的描述是：先设法忘记，然后再设法忘记“自己已经忘记”这回事！

我记得，在迪士尼的卡通里，有一集是兔宝宝在粉刷房间，刷子把墙壁漆成白色之后，再把地板也漆成白色。然后，刷子再把兔宝宝抹去，最后画面上只剩下一个刷子。这个画面，也和“抹去自我”有异曲同工之妙。我自己的譬喻，是想象吃西式自助餐时，餐台上有各式各样的餐点食物。如果一个人能经由思维的训练说服自己：所有的餐点都是一样的，没有任何差别，那么这等于是在智识上不再有“分别心”。

无论是哪一种譬喻，都是希望烘托出“离相无住”（抹去自我）的精髓。每一个人只要静坐几分钟，在脑海里琢磨一阵，就知道要放下自我很不容易。更何况，在放下自我之后，还要再把“放下自我”这个概念也放下！对于《金刚经》深邃的思维，我非常敬服。不过，由这一趟智识之旅的过程里，我也体会到“教义”和“宗教”的差别。教义，是一套思维、一种世界观；宗教，是通过组织而进行的某些活动。因此，教义可以去尘绝俗，不食人间烟火，可是宗教是社会正常活动的一部分，也就不可避免地牵涉喜怒哀乐、功名利禄、生老病死、利弊得失。

我很好奇，常参加宗教活动的人，主要是折服于宗教的义理，还是因为精神和心理上能得到师兄师姐、道友教友们的支持？

敬鬼神之二

到底有没有神呢，不论是耶稣、释迦牟尼、安拉或其他的神祇？

对于这个问题，也许可以先找到一个参考点。在讨论美国联邦最高法院的权威地位时，知名学者理查德·艾伦·波斯纳（Richard Allen Posner）法官曾经表示："联邦最高法院之所以至高无上，不是因为它的判决都是对的，而是因为它的判决是终极（final）的！"那么，神祇们的存在，是因为它们确实存在，还是因为人们相信它们存在？

根据目前的研究，答案是：它们确实存在，因为人们相信它们存在！——这种说法似乎不合逻辑，但其实却是最合乎实情、最精确的描述。当然，这种说法的来龙去脉，值得交代清楚……

李嗣涔教授，是杰出的电机博士，后在台湾大学任教。1988 年起，他因缘际会，开始研究传统文化里的气功。他以科学仪器检测"气"，发现一个人道行的深浅，确实会在数据上显现出来。

因为研究气功，他开始接触各式各样的特异功能。1999 年 8 月 26 日下午，十余位物理和心理学者群贤毕至，到他的研究室向他请益（"请益"是婉转的说法，直接的说法是"踢馆"）。

当时，他已经做过几百次关于"手指识字"的实验，累积了许多资料，也把实验结果写成论文，发表在国际性的学术期刊。手指识字，就是某些小朋友似乎保有与生俱来的、还没有被蒙蔽退化的特殊能力。他们可以用手指在漆黑的袋子里，"看"到折起来纸条上的字。

当天，在场的一位物理学家，有意无意地在纸条上写了个“佛”字，然后折起来交给小朋友们。没想到，不知情的小朋友们不再能够辨认出这个字，而是在他们大脑的“屏幕”上看到影像：

“有个人的影像在屏幕上，很亮。”

“看到有个光头的人，手上拿着一串珠子。”

“远远的有一间寺庙，门口站着一个人，闪一下，闪一下，闪出一间寺庙。”

而后，又交给他们仔细用两层粉红色的纸包好的，里面有一张写着“菩萨”的纸条。小朋友的“屏幕”上显现的影像是：

“粉红色的花……”

“有人站在莲花上，亮的。”

“有点像女生，穿白衣，像我最喜欢的那尊观音菩萨。”

“消失了，只有亮光。”

这几位有特殊能力的小朋友，清清楚楚地用心灵之眼看到了佛和菩萨，神祇们不但存在，而且还在它们的世界里观照着芸芸众生。

对于这种无意间所揭露的神奇，李嗣涔的解释是：在人类所处的四度空间（长宽高和时间）之外，似乎还存在着一个“信息场”。探究这个信息场的物理和人文性质，显然是对自然科学和社会科学极大的挑战。李嗣涔的探索之旅才刚开始，没有人知道最后的结果是什么。不过，以人类有限的经验和智慧来揣测，也许神祇们本身的创世纪有如是的轮廓……

耶稣和释迦牟尼等神祇，原来都是人，但是本身都具有特异功能，因此它们可以让盲人重见光明，可以让瘸子站起来行走。这些神迹使他们的徒众愈来愈多（太平天国的洪秀全是另一个例子），徒众们的信心也使它们的能力愈来愈强。良性循环的结果，是这几位极其特殊的人，晋身为另外一个层次的神。

当它们过世之后，因为后世信徒持续膜拜，信徒们所投射托付的“能量”，就支持了神祇们在另外一个世界里继续发光发热。一旦没有信徒的支持（譬如彗星撞地球，人类灭绝），经过一段时间之后，神祇们也可能逐渐消逝。因此，当各个宗教都还香火鼎盛时，神祇们确实存在，而这也是因为人们相信他们存在！

据李嗣涔说，他家里有各个教派的好几尊神祇，而他都虔诚敬谨以对……

科斯定理和两岸冲突

在鲁宾孙的世界里，没有人际之间的钩心斗角或尔虞我诈。可惜，鲁宾孙的世界，是小说里的情节。自有人类历史以来，就有无止境的纷争。当然，化解或处理纷争，也有诸多文明与野蛮的方式。

在经济学里，以文明的手段来解决纷争，有两种著名的方式：一种是由诺贝尔奖得主约翰·C. 豪尔沙尼（John C. Harsanyi）所提出，无知之幕的概念——一般人讹传，以为是由哲学家约翰·博德利·罗尔斯（John Bordley Rawls）所提出。每个人可以设想，在自己眼前有层薄纱，因此不知道自己未来的身份地位、聪明才智如何。在这种情形下，每个人都会同意：设计出一套合情合理的制度，以处理未来必然出现的争议。

第二种处理纷争的方式，是由另外一位诺贝尔奖得主科斯所引发。当两人之间发生冲突时，就可以设想：如果两人相爱结婚，利益一致，会如何处理原先的争议？也就是说，当双方发生冲突时，可以借着“单一主人”(single-owner) 的概念来思索。如果争讼双方结婚，或者由同一位主人同时拥有权益冲突方的资产，那么就可以重新检验整体的权益。譬如，上下游的工厂，由同一主人所拥有；或者，机场附近的居民，同时也是航空公司的股东；或者，在暴风雨中的货轮，船长可以假设自己就是船主和所有货物的货主。

事实上，无论是哪一种方式，解决纷争的关键，追根究底显然还是在于当事人的“自利心”。只要在理智或情感上，当事人能觉得对自己有利，就自然会有所取舍。这个观念，可以借一个有名的历史故事来反映。当孟子见梁惠王时，惠王问他不远千里而来，带来什么好处？孟子回答：没有世俗的利益，但是有层次较高的利益——仁义。然后，就一展如簧之舌，试着说服惠王，追求“仁义”可以得到诸多好处！因此，虽然孟子的用语和一般人不同，其实还是诉诸惠王的自利心。

在 21 世纪初，地球上最重要的冲突之一，无疑是海峡两岸的分歧。既然没有更高层次的权威可以依恃，那么有没有观念上的巧思，能说服双方基于自利而化解纷争呢？

关于处理海峡两岸的分歧，在利用“单一主人”的概念提出“解决方案”之前，不妨先呈现一些事实。2003 年台湾地区人口约 2300 万，每年产值约 3080 亿美金，在经济方面非常依赖对外贸易；而当时中国大陆的人口约 12.4 亿，是台湾的 56.5 倍；年产值约 10800 亿美金，是台湾的 3.5 倍。此外，在土地面积方面，大陆是台湾地区的 267 倍。在客观的条件上，中国大陆是全球最大的单一市场。如果大陆经济维持高增长速度，无疑将成为国际经济体系中最主要的一分子。

同时，在政治方面，中华民国（国民党中央政府）成立于1912年，1949年国民党退守台湾后建立了台湾现在的政治组织，同年中国共产党组建中央人民政府（中华人民共和国中央人民政府），和中华文明五千年的历史相比，两个政治组织都很年轻。根据这些事实，可以进一步考虑：就两岸分歧而言，由“单一主人”的角度着眼，什么是“利”之所在？怎么追求？

在观念上，海峡两岸的“政府”，都只是政治组织(political configurations)。涵盖这两个政治组织的“单一主人”，是中华文明或华人社会。而对中华文明或华人社会来说，利之所在，当然是在举世的各种文化里，能延续和发扬华人的文化，包括语言、文字、思想观念、风俗习惯、生活方式等。而要延续文化，中外历史一再证明，必须有适当的机制，能保持文化的活力，避免文化的陈腐衰颓。

回顾华人的历史，朝代不断更迭。号称统一天下的盛世，也不过维持两三百年而已。原因很简单，“大一统”隐含单一的文化，因为缺少多元文化彼此的竞争，所以当开国时自我节制的机能退化时，就会渐渐窒息而终于改朝换代。因此，当两岸华人已经在经济上站稳脚步，准备进一步扬眉吐气时，就值得仔细思索：如何追求“文化的延续和繁衍”这种长远的利益？更具体的问题，就是如何在华人文化的体系内，发展出竞争的机制？对于繁衍和发扬中华文化，当然必须要通过政治组织来操作，考虑海峡两岸的人口和面积，中国大陆显然要负起主要的责任。可是，怎么做呢？

在大陆境内，有政经体制的限制，还有国防上的考虑，所以，要有意地维持文化内的多样竞争，并不容易。以台湾海峡相隔的台湾，在历史因缘际会的巧妙安排下，刚好提供了最好的机会。

一言以蔽之，解决纷争的方式有很多种，“自利心”是关键所在。对于解决两岸分歧，大陆已经成为主导力量。

琢磨

宗教，牵涉的层面非常广。有不少人认为，宗教和科学，是不能相容的两回事。不过，无论是基督教、佛教还是其他宗教里，都有长老、牧师等神职人员布道或传教。无论义理的内容如何，显然都还是诉诸人的理智，希望教徒信众们，能服膺这种义理。可见得，即使是宗教里，都还是有思辨论对的空间。经济学是社会科学的一环，对于宗教希望能“以理解之”，直到碰上铁板为止。那么，能理解的空间有多少呢？这个空间的大小，又是由什么来决定呢？

简单的一个例子：在各个社会里，都有大小不同的上人活佛，那么这些精神领袖的影响力，是由哪些因素所决定的？社会科学能不能有一得之愚呢？

第四章

香港大埔的许愿树

人不为己，则如何？社会现象都不是凭空出现的，在社会现象的背后，都有支持的条件。试着归纳出“现象”和“支持条件”之间的关联，便可以去解读其他的社会现象。

人不为己，则如何？

在传统智能里，有这么一句："人不为己，天诛地灭。"虽然这句话耳熟能详，可是稍微细究之下，却大有问题。这句话不是描述事实，因为天诛地灭从来没有出现过；这句话也不是规劝世人，与人为善。既非实证（positive），又不是规范（normative），我一直很好奇，从哪里蹦出了这种传统智慧。

几年前有一天，我在研究室看书，多年不见的学生突然推门而入，希望我帮他写介绍信。我灵机一动，要他先去捐一笔钱（1000台币）给慈善机构，然后再找我拿介绍信。事后想想，觉得自己的做法虽然有点特立独行，但也有可取之处，至少我创造了一种"三赢"的局面：学生付了钱，拿到介绍信；我花时间写介绍信，但是心里很舒坦；慈善团体收到捐款，能推动业务。凭空创造出一种产权结构，我心里还颇有点成就感。

一旦有了开始，往后就容易了一些。2003年初，我到香港任教一学期，班上有一个美国来的交换学生，表现非常出色。学期中他请我写封介绍信，好申请奖学金，我欣然提笔，没提钱的事。等我回到台湾不久，他从美国发电子邮件，又请我写介绍信，这次是要申请读法学院。我回信告诉他，第一封信免费，第二封起要付费，他先捐50美金给任何一个慈善团体，我就会动笔。他立刻表示，非常乐意捐出 50 美金，给一个和中南美洲国家有关的基金会。当然，我也依约寄出我的介绍信。

天下不该存在白吃的午餐

有一次，我在某个刊物上发表了一篇短文，里面刚好提到一篇旧作。没多久，一位读者来信，希望我能提供那篇旧作。我回了一封电子邮件，称只要他捐出 200~500 元台币，旧作立刻奉上。其实对我而言，旧作只是一个电子文件，与人为善，反掌之易。但是，我认为天下不该有白吃的午餐，权利和责任应该彼此呼应。

没想到，这位正在读博士班的素未谋面的朋友，很快就再次来信，他说很高兴有机会因此结缘累积福德，他已经捐了 3000 元台币给慈善团体，还附上了电子收据。虽然钱不是捐给我的，但是付了 3000 大洋只得到一篇 2000 字的短文，我于心不安。因此，除了提供那篇短短的旧作之外，我又寄给他一些其他的文稿，还提供给他一份书单。

这几次的经验，都很别致有趣。不过，都是由别人口袋里掏钱，事不关己。而后来发生的一件事，情况有点类似，而感觉却大不相同矣。2004 年的第一天，我由台北飞香港，再到城市大学客座一学期。因为学校宿舍已经住满，我就由校方安排，住进附近的一家酒店。酒店位于市区，本身和火车站及大型购物中心相连，人气很旺。到酒店是傍晚，稍稍安顿之后，我就四处逛逛，还到二楼的超市买了些什物。

第二天早上，在房间里吃了前晚买的吐司和奶酪酱。没想到，下午开始肚子出问题，一直进出洗手间，挨到晚上，情形更糟，半夜里起床好几次。回想一天的作息，心想吃坏肚子的原因，唯一的可能就是那盒洋葱口味的奶酪酱。由冰箱里拿出一看，罐底的有效日期竟然是2003年12月27日！我是1月1日买的，已经超过食用期限好几天。到纸篓一找，前一天的收据还在。我想，这可好，人证物证都在。

身体虽不适脑子却清醒

第三天是周六，我勉强起床，身体已经很虚弱。9点左右，我带着收据和奶酪酱，到二楼的超市。收费员找来上司，年轻的主管表示，很乐意换一罐新的给我！我很讶异，竟然是这种响应，而我的希望是先去看医生。半个小时之后，我已经瘫坐在椅子上，救护车终于来到。超市派了一个人，陪我到医院急诊，广华医院离酒店不远，这是我在香港第一次进医院。到急诊处挂了号，自己掏信用卡付钱，然后拿到号码牌，坐着等。我四处浏览，发现墙上有一告示：最急的病人，不需等候；急症，等15分钟。我被判定是半急诊，要等4小时。早知道，到私人诊所去看要省时省事得多。

坐在硬冷的塑料椅上，头斜靠在灰白的墙上，想必一副枯槁的病容。可是，说也奇怪，虽然我身体很不舒服，脑子却清醒得很。我想，事情本身再清楚不过：作为消费者，我有一丁点儿的责任，要看看食品的有效期过了没有；相形之下，超市的责任要大得多。依他们的人力物力、专业要求和营利事业的性质，有责任定期检查货架上的食品，把过期的食品下架。因为他们的过失，造成消费者（我）腹泻肚痛，因果关系明确，他们当然要负起适当的责任善后。

还好，等了两小时左右，就见了医生。医生要言不烦，问了几句，按摸几下，作成判断：到旁边先打一针，观察一个小时，然后拿药回家休养。经过这一番折腾，回到旅馆，还是不停地上厕所。不过，打针吃药之后，情形稍微缓和了一些。我心里想，新年新希望，好的开始是成功的一半。刚到香港，新年初三就入院急诊，真是个好开始！几天过后，我已经完全恢复正常。不过，虽然超市一直还没有和我联络，我自己却陷入一种小小的考验。

当超市为这件事善后时，免不了要处理赔偿问题。依我看，换一盒新的奶酪之外，还有医疗费。此外，因为连续腹泻，无法工作和休闲，也是损失，当然，这段经历带来的苦楚，超市也该负责。前面三项，都很具体，工作和休闲，可以依我的（或任何有同样际遇的人）工资计算。可是，苦楚和精神心理上的损失，却不容易有参考点。不过，如果像写介绍信一样，我要求超市赔偿精神损失，但是不放进口袋，而是捐给慈善事业，那么我会振振有词，理直气壮得多。即使我狮子大开口，超市恐怕也不好辩解推辞。

牵涉公益团体即具正面意义

然而，曲折微妙之处，就在于“利己”与“利他”的差别。为自己要求精神赔偿，双方都会迟疑犹豫，而把惩罚性的赔偿作为捐款，反而容易转圜回旋。而且，似乎人同此心，心同此理，大家都会认同这种做法。因为，超市犯了错，固然应该受到惩处，如果受损的那一方得到大量精神赔偿，似乎有点“因祸得福”的味道。所以，当有人在麦当劳被热咖啡烫伤手，要求上千万美元的惩罚性赔偿时，一般人就会觉得不以为然，大概就是这种心理。可是，如果把千万美元捐给慈善事业，可能陪审团反而乐见其成。因此，在处理两种冲突时，除了调整当事人本身的权益之外，如果能把公益团体（也就是社会大众的利益）牵涉在内，显然有很正面的意义。

要学生捐钱，我才动笔写介绍信，而且自己觉得心安理得。可是，对于向超市请求赔偿，然后捐给慈善事业，我却颇有斟酌。因此，问题的关键，似乎不在于人是不是为己，而是人愿意为自己到什么程度，而又愿意为别人负荷到什么程度……

香港大埔的许愿树

2000年9月到2001年8月，我利用休假到英国牛津大学待了一年。耳闻目见，都发而为文，后来辑成一书，自己觉得还算满意。2003年1月，我应邀到香港城市大学客座一学期。有前车之鉴（正面语意），我希望也能以旁观者的角度，描绘香港的社会人文现象。一方面作见证，留下鸿爪；一方面探索东方之珠这个特殊的资本主义天堂。

可惜，也许是时间太短，浸淫不够，虽然我张大双眼、竖起双耳，可是收获有限。笔下有些许成果，可是自己并不满意。不过，虽然成果有限，回台湾后再想起那几个月的时光，有几件事印象却特别深刻。

有一次，利用周末到著名的黄大仙庙玩，在庙前发现了有趣的一幕。黄大仙庙香火鼎盛，香客游客络绎不绝，除了庙旁一长列香烛店之外，在庙门口还有十来位提着篮子的人，向路过的人兜售香烛。不知道哪些因素因缘际会，这些人摸索出一种游戏规则：大家排成一列，前后相随，有游人或香客走近时，大伙儿不是一拥而上，而是由排在最前面的那个人迎上前去推销。无论成与不成，过后就走到行列的最后，等下一次机会。周而复始，井然有序。

因为叫卖香烛利润不会太高，所以排队兜售的多半是上了年纪的人，因为他们的机会成本较低。我私自忖度，如果有年轻人置身其中，大概是身体上有残缺，不容易找到其他的职业。心里想着，眼前竟然真的看到一位壮年男士，就是缺了左手手掌。当时我心里还有一丝得意，觉得能洞察人情世故。后来，我把这段见闻写成文章，上课也当讲义发，和同学讨论。我指出，排队兜售香烛，是一个“小均衡”，这个均衡有一些特性。等到我布置家庭作业时，就要学生们依样画葫芦，去描述生活里观察到的某种均衡，并且分析臧否。

等学生交了作业，我慢慢欣赏，发现学生们都很用心。有一组报告描述午餐时，有些学生在学校食堂里午餐，有些人则是到附近的市场觅食，形成“分离均衡”。还有一组同学回忆读中学时，在小区篮球场占场地“斗牛”时使用场地的游戏规则。在十几组报告里，我大感意外的是一篇关于“许愿树”的报告。当时的感觉，只能用眼睛一亮来形容。

大埔区位于香港新界，区内有一个村落叫林村，林村里有个天后庙。天后庙的规模比不上黄大仙庙，不过也是香火不断、游人如织。在天后庙旁，有几棵巨大繁茂的老榕树，老树古庙，烘托出一幅宁静祥和的景象。

不知道从什么时候开始，善男信女们觉得庙里的神祇有灵，庙外的老榕树也有灵。因此，在庙里参拜之后，再纷纷向几棵老榕树祈福。为了表示虔诚的心意，信众们把神符和写好的心愿扎在一起，再绑上三两个红桔，然后在树下一起用力往上抛。如果红桔和神符都挂上枝了，表示老榕树接纳了信众的祈求，心愿一定能实现；如果落回地面，就再以更虔敬的心情祈福，再往上抛。心诚则灵，老榕树总会接下芸芸众生的重担。

在每年春节和特殊的节庆前后，来天后庙的信众特别多，许愿树上就挂满了神符、许愿条和红桔，成了一幅很别致特殊的景观。然而，即使几棵老榕树再有广纳众生的胸怀，也无法负荷源源不绝的人潮和许愿，以及那数以百计的红桔。所以，附近的三两居民，就定时卸下树上高挂的红桔。红桔回收之后，曾经掉落地面的，固然不再保留。可是，许多第一次就挂上树梢的，还完好如新。食之未必有味，弃之却是可惜。最好的去处，似乎就是卖给其他的信众。

因此，在天后庙旁，就出现了这种特殊景观：卖红桔的摊位有两种，一种卖新鲜的桔子，另一种卖回收的二手桔。新桔当然价格较高，二手桔也一样有市场。初到天后庙的人，可能分不清新旧；许多善男信女是常客，就知道两种桔子的曲折。令人好奇的是，既然桔子有两种，是哪些人买新桔，又是哪些人买二手桔呢？

经过一阵观察，似乎稍有端倪：买新桔的人，是年轻的情侣，或偶尔到天后庙的，或经济情况较好的，或神色凝重（有要事相求）的人；买回收桔的人，则是中老年人，或到天后庙的常客，或经济情况较差的人。

这是学生们的观察，我觉得非常深刻精致，就打了一个很高的分数，并且希望他们能把报告投稿，能刊载在某个刊物上。不知后来他们有没有做到，但是这份报告一直留在我的脑海里。三位执笔的同学之一，名叫林礼康，是一位笑口常开、乐观进取的大男生。我离开香港前，他告诉我已经找到工作，毕业后将去大型购物中心

"又一城"五楼的一家乐器行。"又一城"就在城市大学旁边，他要我下次去时一定要找他。

事后想想，无论是黄大仙庙前还是天后庙旁的景象，其实都透露了一些值得琢磨的讯息。黄大仙庙前的香烛小贩，之所以会形成鱼贯而出的秩序，显然是因为好几个因素综合而形成了一种微妙的"均衡"。支持这种巧妙的均衡需要好几个条件，但是一旦条件改变，均衡可能就消失不见。譬如，如果香客人数突然暴增，想必有更多的小贩加入，甚至包括年轻力壮的人；相反的，如果善男信女变得门可罗雀，有谁愿意在庙前排队叫卖香烛？

天后庙旁许愿树上和树下的红桔，情况当然也是如此。如果红桔大丰收，价格大跌，大概很少有人会去买二手桔，也大概很少有人会去回收树上的桔子。因此抽象来看，社会现象都不是凭空出现的，在社会现象的背后，都有支持的条件。如果能试着归纳出"现象"和"支持条件"之间的关联，等于是掌握了一些人类行为的原理原则。利用这些原理原则，可以去解读其他的社会现象。

当然，"均衡"表示一种稳定的状态，表示眼前的现象会重复出现。因为稳定而又重复出现，所以旁观者可以好整以暇，慢慢地琢磨，逐步摸索出均衡背后的支持条件。但是，一旦眼前的现象不是处于均衡的状态，这种思维方式就必须改弦更张。那么，对于偶尔才出现一次的现象，该如何解读呢？对于全新的情境，又该如何因应呢？甚至，对于模糊未定的状态，又如何能够导引情势呢？这些问题，恐怕就不是三言两语能说得清了。

我一直觉得大埔的许愿树很有趣，想去却还没有去看过。再到香港客座时，我想我会找林礼康，要他带我去看天后庙旁的许愿树，而且还要再去黄大仙庙走走，看看庙门口是不是已经又是另一番景象！

天使手里的预算书

年龄渐长，清纯的程度渐减，心目中的英雄也愈来愈少。不过，在知天命之际，如果要我列出三位“我的英雄”（my heroes），那么布坎南一定是其中之一。而且我知道，他不只是我的英雄，还是许许多多人真诚景仰的英雄。

布坎南的学问和道德，都大有可观。他首创的“公共选择”，是经济学里最活跃的领域之一，在经济学原理的教科书里，都少不了有专章介绍。他自律严格，清晨四点起床开始作息，到八点钟开始上课时，已经工作了四个小时。在他1986年获得诺贝尔奖之后，也没有停下脚步，即使年过八十，依然论述不辍，不断有新作发表。而且，从未闹过绯闻或逃漏税的事。这样的英雄，认了安心，想来也窝心。

布坎南出身田纳西州，是美国南方的农业区。我一直认为，他勤奋刻苦的性格是环境使然。后来我在2000年休假时到英国游学，在去苏格兰首府格拉斯哥（Glasgow）游览时，看到有一条主要大街以布坎南为名（Buchanan Street），才知道布坎南是大姓，先人的余荫，可能也影响到他的性格。

当初会接触布坎南，纯粹是偶然。我拿到学位，回原系教书时，有一门课是财政学——原来教课的老师，当“财政部”部长去也！刚开始，我用的是理查德·埃布尔·马斯格雷夫（Richard Abel

Musgrave）的名作，这是财政学里的经典，我也觉得教来很有收获。

可是当我因缘际会开始接触布坎南的论著，那时的感觉只能用“一见钟情、为之倾倒”来形容。在智识上，有一种乍见光明、更上一层楼、觉今是而昨非的情怀。在那一段时间里，他出版的每一本书我都买，他发表的每一篇文章我都读。后来才知道，像我这样的“追星族”为数还很不少。

既然布坎南曾经写过一本财政学教科书，我当然也就去彼取此，我用的是1986年出版的第6版。虽然是大学部的教科书，我每教一次，就细读一次，而每次也都有新的体会。前后教了十余年，年年如此。

布坎南的学术精华，由那本教科书里也可以一窥端倪。传统的财政学（包括佼佼者马斯格雷夫的书在内），就是探讨政府的“税收”和“支出”。政府收税的时候，要考虑公平和效率，一只牛最好只剥一层皮，有钱的人最好多缴税。另外，政府用钱的时候，要考虑到成本效益，也要注意经济稳定和经济增长。还有，公共支出要把钱花在刀刃上，要缩短贫富差距，也要促进繁荣富庶。

对于这些传统智慧，布坎南却指出关键性的盲点。无论是税收还是支出，都不是凭空出现的，而是通过政府来运作的，除非先了解政府本身的特性，否则公平效率、正义平等式的论述，将只是想当然的呼吁而已。因此，要了解财政问题，值得先探讨“政治过程”（political process）。而且，政府所维持的法治，提供了一切经济活动的环境，了解政府的作为和政治过程的性质，才能真正掌握经济活动的意义以及政府收支的来龙去脉。

我认为，通过布坎南的指引，不但能体会财政学的精义，更可以了解经济学这个学科的基本精神。事实上，很多学生告诉我，上了财政学（布氏学派），才对经济学有比较清楚的概念。

布坎南对政治过程的分析，不但让财政学改头换面，更彻底地改变了大家对政治过程的认知。当他得到诺贝尔奖时，媒体曾大幅报道，记者希望他一言以蔽之，总结他学说的精华。布坎南毫不犹豫地回答："官僚不是天使！"（Bureaucrats are not angels.）这句话，和另一位诺贝尔奖得主米尔顿·弗里德曼（Milton Friedman）的名言"天下没有白吃的午餐"一样有名。当然，两句话之间如何联结，本身就是有趣的益智游戏。

布坎南的意思很清楚，你我都希望多赚钱、住漂亮的房子、出入有司机轿车代步，而官僚也是人，也有自己升迁或选票的考虑。政府的收入和支出，主要是被官僚和政客操纵（官员和政治家是比较文雅的用语，其实指的是同一群人）。如果追求大众福祉，有益于他们的选票或升迁，他们才会设法增进大众福祉，否则，他们个人利害的考虑，永远会放在其他考虑因素之上。官僚不是天使。当然，你我也不是。

那么，在哪些情况下，官僚们比较会照顾到民众的福祉呢？

我记得在英国时，财政大臣戈登·布朗（Gordon Brown）曾在国会报告年度预算。第二天，各大报都做成专题报道，以巨细靡遗的分析，说明政府各项收支计划将如何影响各个家庭。而且，还有具体的设算，让一般民众知道，自己的荷包到底会如何变化。当时，我很惊讶，在一个人口五千万的国家里，政府的财政预算和小老百姓之间，竟然可以有这么清楚、这么直接的联结。

是哪些因素，使英国官僚们的作为，有一点天使的气味呢？他们常常挂在嘴边的口号是："时时以被统治者的好恶，作为本身思维取舍的依据！"那么，是这种精英式政治的高贵传统使然吗？

我相信不是。如果那个口号成立，布坎南的学说必须改写。譬如，改成“美国的官僚不是天使！”可是，为什么在英国会有天使，而其他地方却没有？我认为，能让政府预算契合民众个人的利害，主要还是民众手里所掌握的棍子和萝卜。能照顾到他们荷包的官僚政客，他们赏以萝卜；不能带给他们具体实利的，他们飨以棍子。经过历史上一次又一次的选举，也就是一次又一次的考验，英国的政客官僚们已经学会了要具体务实——第二次世界大战同盟国胜利之后，美国人把艾森豪威尔送进白宫，而英国人却把首相丘吉尔请出唐宁街 10 号，因为英国的经济不够好！

布坎南曾说：“关于天使的世界，我们还没有任何理论来解释！”（We don't have a theory for the world of angels！）确实如此，由天使们所组成的世界，无须我们担心。不过，我很好奇，在天使的世界里，怎么解决公共支出和税负收入的问题呢？天使手里的预算书，又会是何等模样？

琢磨

写介绍信要“收费”的做法，很多人都觉得无法接受。一位学界的朋友就率直地表示：依此推论，如果同学一直问问题，老师是不是也要向他收费？我的响应是，对任何一位老师而言，如果同学一直问问题，总会想出方法来因应。例如，简单回答，或让同学自己先去找资料看，或让同学自己先想一想……这些其他的做法，都隐含某种行为上的“价格”，只不过是“非货币”的价格（nonmonetary prices）而已。

事实上，要同学先捐钱再拿介绍信的做法，已经不再是“只此一家”。一位香港的经济学者就曾经告诉我，他目前的做法是：第一封介绍信，免费；第二封，要同学先捐钱给任何慈善机构，港币 200 元。已经有好几位同学捐钱，金额都超过港币 200 元，而且都表示支持这种做法！

第三篇文章，是应香港《明报》而作，选定在香港财长报告年度预算当天刊载。财长宣布，即日加征高级轿车特别税。没想到，不久媒体就披露，新措施实施几天前，财长自己买了一辆高级轿车。既然是在新制实施前，就省下了大约几万港币的税。一经报道，当然引发轩然大波。财长表示完全是无心之过，愿意把双倍的钱捐给慈善事业。经过调查，财长没有法律责任，但是基于政治责任而辞职。

第五章

大象国有化之我见

多元的价值之间，最好彼此支撑而又相互竞争和制衡。市场和政府之间，比较容易形成竞争和制衡；而行政部门和司法体系之间，要形成竞争和制衡显然要困难得多。对于东方社会而言，更是艰巨的挑战。

向女王说不

2002年，是英国女王伊丽莎白二世登基五十周年。虽然大英帝国国势渐衰，但是在英联邦，还是有一连串的活动，庆祝这个难得的“五十周年纪念”（Golden Jubilee）。女王在位半个世纪，最大的贡献，大概是在多变世局里，勉力维持皇室于不坠。不过，和上一位在位六十多年的维多利亚女王（Queen Victoria）相较，确实是今非昔比。

维多利亚女王18岁登基，前后在位64年之久（1837—1901）。她在位时，英国连败世仇法国和西班牙。大英帝国的版图，横跨五大洲，大英帝国的战舰和商船，遨游于各大洋。维多利亚女王时的大英帝国，真正是令人敬畏的“日不落帝国”。英国的国势，在维多利亚女王时达到巅峰。英国人性格里有一种“内敛的自负”，很可能就和这一段历史经验有关。可是，即使女王功业彪炳，权势不可一世，还是曾经有人拒绝她，向她说“不”！而向她说不的人，是手无寸铁的一介平民……

1890年，当时的王储爱德华王子，到友人家打扑克牌赌博（可能等着接班等太久，有点无聊，和现在的查理王子一样）。在场的有一位威廉·戈登-卡明爵士（Sir William Gordon-Cumming），是因为战功显赫而封爵。没想到，爵士诈赌，而且被其他人发现。为了维护爵士的名誉，王储提出建议：只要爵士签字承诺，终生不再接近牌桌，王储保证，他和其他在场的人会缄口，不泄露爵士诈赌的事。爵士依约签字，但是可能仆人口风不紧，消息依然走漏。爵士为了第二生命的清誉，向法院提出告诉，控告当晚的主人毁谤！

官司进行了七天，轰动朝野，史称巴卡拉事件（The Baccarat Scandal）。因为事实明确，所以判决爵士败诉。他的军职、社会地位，一夕之间化为乌有！

宣判的第二天，伦敦《泰晤士报》的头版头条，是由托马斯·沃德（Thomas Ward）执笔但不署名的评论报道。文章里，除了对爵士表示惋惜之外，主要是对王子赌博逸乐的行径提出规劝。评论指出，一般民众能享有某些自由和乐趣，王子却不行，因为王子身份特殊，将来要承继大位，所以不得不克制自己、自我约束。文章最后是这么结束的："威廉爵士被迫立书保证，永远不再碰扑克牌。为了整个英国社会，我们希望这个不幸事件的结果，是爱德华王子也签下一个类似的承诺！"

女王看了这篇评论，不但不以为忤，反而非常欣赏文章的论点。她很好奇，这篇文章是由谁执笔。以"世界上最有权势的人"来描述女王，一点都不为过。可是，虽然她希望知道执笔人的身份，却没有率直地运用她一呼百诺的权势。

女王请她的朋友西奥多·马丁爵士（Sir Theodore Martin）出面，私下写了一封亲笔函给《泰晤士报》的总编辑。1891年6月13日送出的短函是这么写的："也许您乐于知道，对于那篇评论，女王深有同感，而且非常欣赏。她问我，是否能告诉她谁是执笔者？当然，我不知道。而且，我很清楚，也许您有充分的理由，婉拒女王的祈望。不过，如果您觉得无妨，那么请您务必放心，女王一定会守住秘密，绝对不会把这个名字告诉其他任何人！”

当时的总编辑是乔治·巴克尔（George Buckle），他斟酌了两三天，然后在6月17日回了一封信给西奥多爵士：“《泰晤士报》的同仁知道女王肯定那篇评论，我们都觉得那是无上的光荣……如您所知，对于评论文章作者的姓名，《泰晤士报》一向是严谨保密的。因为，评论所表达的，不只是个人意见，而是希望反映社会大众的情怀。在威廉爵士这个不幸事件上，特别是如此。对于报社所该采取的立场，在宣判前的好几天，同仁们就斟酌再三。因此，那篇评论所表达的，更不再是执笔者个人的见解。报社不透露作者姓名的做法，我相信您能谅解……对于必须违逆女王（这位有一切理由指使我的人）的意旨，我深觉歉疚和不安！”

维多利亚女王于1901年1月22日过世，享年八十二岁。第二天，《泰晤士报》全报加黑框，而且以前所未有、整整六版的篇幅，刊出讣闻，表达对女王的敬意。但是，终其一生，女王也不知道那篇评论的作者是谁。

对东方社会的人来说，这不是很奇怪吗？女王只不过是想知道个名字，为什么不派人当面去问报社呢？此外，她位高权重的朋友为什么不到报社一趟，而要形诸文字地留下鸿爪呢？还有，《泰晤士报》的总编辑，为什么如此矜持？为什么不顺水人情，趁机经营人脉关系呢？

也许，在巴卡拉事件之前两百年，1689年由英国国会通过、英王签署的《权利法案》（*Bill of Rights*），透露出一点讯息：“未经国会同意，皇室指挥或终止法律的运作，是违法的。”因此，在大英帝国的历史里，皇权的节制、社会多元价值之间彼此的尊重和制衡，可以说其来有自。

至于为什么会雕塑出《权利法案》这种震古烁今的结晶，那就是另外一个故事了！

警察捉小偷的故事

这个警察捉小偷的故事，真是紧张刺激、悬疑诡谲之至。

一切曲折，都由一位不起眼的外籍劳工开始。这位老兄离乡背井、远渡重洋，受雇于一个权贵豪宅。在前后三个月的时间里，他陆续偷走了重达 90 公斤的珠宝，然后以快递包裹，把珠宝寄回千里外的老家。

这批稀世珠宝价值 2000 万美金，其中包括一颗市价 200 万美金的蓝钻。可惜，小偷不识货，他完工回国后，开始把这批珠宝脱手，一件 30 美元！小偷不识货，别人可识货，这批珠宝被一位行家买下，准备加工后再转手卖出。但是，风声逐渐走漏，警方适时介入，一举破获了这个跨国窃案。除了最珍贵的那几颗宝石还不见踪影之外，其余珠宝重见天日，物归原主。这个消息传为国际美谈，负责侦办的高级警官，还得到友邦政府赠勋褒扬。

如果故事就这么结束，当然太平凡无奇了一些。还好，在平静的水面下，往往暗潮汹涌，还有噬人的旋涡……

整个故事的转折点，是珠宝商以“收购赃物”而被逮捕。警察捉到他摸清楚这批珠宝的底细之后，知道自己手里有一只大肥羊。严刑拷打之下，珠宝商吐出了部分珠宝。但是，警察还不满足。因此，珠宝商屋漏偏逢连夜雨，他太太和 14 岁的儿子，“刚好”在这个时候被绑架，歹徒要求赎金250万美元。一周之后，两人的尸体倒卧在一辆奔驰轿车里，警方调查结果，两人是因“车祸”意外死亡。

地主国的警方忙得不亦乐乎，但是也没有冷落了原始的苦主——自己的友邦。一个天朗气清的日子里，友邦的领事和两位外交官，都在住宅附近遇袭丧生。然后，一位似乎知情的外商，也突然神秘失踪，很可能已经命丧黄泉、尸骨无存。等到尘埃落定，前后共有17个人横死或失踪，真正应验了“鸟为食亡、人为财死”的古训。不过，最扣人心弦的，是破案后送还原主的珠宝，竟然是仿冒的复制品！

友邦脾气再好，也受不了这种羞辱。因此，立刻召回大使，暂时中止两国的外交关系。在国际压力下，地主国终于展开调查，原来破案有功受勋的警官，转眼之间以贪污罪被起诉。审判结果，两位高级警官以贪污罪被判刑7年，立刻入监服刑。

这可不是汤姆·克兰西（Tom Clancy）谍报小说里的情节，而是活生生、血淋淋的真实事件。最早的窃案，发生在1990年6月到8月之间。那位外籍劳工是泰国人，名叫田嘉蒙（K. Techamong）；苦主是沙特阿拉伯的皇室成员，王子F.本·阿卜杜勒(Prince F. Bin Abdul Raish)；被凌虐的珠宝商，名叫S.石塔那汗(S. Sritanakhan)；“最佳男主角”C.葛达思将军（Lieutenant General C. Kerdthes），是泰国警方的重要人物——相当于台湾“警政署”或中国大陆公安部的部门主管！根据报道，葛达思将军在牢里的日子过得有声有色。他组成摇滚乐团，发行唱片，而且把收入捐作狱友福利金。他还在上诉，并且宣称：“并不是所有坐牢的人都是有罪的！”聪明的人也许可以听到他的弦外之音：“并不是所有没坐牢的人都是清白的！”

对于这个故事，不同的人可以得到不同的启示。对经济学者的启示之一，是这个故事验证了“市场”的优越性。在每一本《经济学原理》里，作者都会强调：通过市场里“自愿性”的交易，资源会流向价值最高的使用途径！

在这个警察变强盗的故事里，珠宝由一件30美元，再流到识货的珠宝商手里，再落入高级警官的口袋里。资源，依然是辗转流向价值最高的使用途径。但是，这个过程是通过巧取豪夺、威胁利诱，一路血迹斑斑、人头落地。因此，两相比较，在运用资源上，市场里的自愿性交易显然是比较和平和文明的方式！

对于法政学者而言，至少有两点重要的启示。首先，官兵变盗匪的事情本身，并不是关键所在，关键所在，是一旦官兵变成盗匪，有没有适当的机制能处理这些事件。特别是当犯错的人层级愈来愈高时，处理一般扒手混混的司法，还能不能“刑上大夫”？举目环宇、放眼古今，试问历史上已经出现过多少次的“水门事件”？——以不法的手段，监听政敌的房舍、车辆、船舰等。但是，有几个社会的司法机制，会处理这些事件，甚至让国家元首下台？

其次，处理一般鸡鸣狗盗之徒的机制，所需要的条件比较简单，而处理位高权重者违法行为的机制，通常要复杂困难得多。那么，在哪些情形下，通过哪一种轨迹，可以由前者慢慢雕塑出后者？有没有明确可行的途径，或是滴水穿石的着力点？对法政学者而言，这些问题可都是引人深思的挑战。

这个警察捉小偷的故事，真是紧张刺激。不过，自己最好是旁观者，而不是那些当事人或当事人的亲戚朋友……

大象国有化之我见

“从经验里吸取教训”，这句话每个人都耳熟能详，可在面对考验时，真正能吸取教训的，却并不太多……

19世纪初期，在当时科技和信息的限制之下，地球上还有好多人烟未至的处女地。因此，探险家一旦有重大发现，不但立刻成为家喻户晓的人物，而且可能加官晋爵、名利双收，有享不尽的荣华富贵。当时，在探险家的心目里，有两个诱人的大奖：成为到达北极的第一人，还有找到穿越极区、联结大西洋和太平洋的“西北航道”（The Northwest Passage）。

从1818年到1909年为止，总共有近百支的探险队伍，由海上、陆上、空中（热气球）出发，希望能攫取大奖、名留青史。这些探险队里，由欧美各国政府出资支持的有35队，由私人资助的有57队。两相比较，结果如何呢？谁掳获了头彩，谁又承担了最惨重的损失？

在历次探险里，伤亡最惨重的，是由英国政府支持、由约翰·富兰克林（John Franklin）领军的船队。1845年5月，他率领船队由伦敦出航，上上下下共有129人。7月中旬，在极区活动的捕鲸船，还曾看到富兰克林的船队，从那以后，他的船队完全消失无踪。往后几年，大批的搜救队伍出发，希望能找到富兰克林和其他人员的踪迹。根据后来陆续发现的残骸遗物，后人证实：富兰克林的船队先被坚冰困住，动弹不得，他和船员弃船南走，结果一路折损，终至销声匿迹。证据显示，大部分船员是饥饿而死，甚至还有以同伴果腹的情形。

虽然以政府为后盾的探险队，在人力物力上都略胜数筹，可是最大的奖赏，却是由私人队伍所拨得。人力单薄的罗纳德·阿蒙森（Ronald Amundsen）,1903年由挪威出发，到1906年完成“西北航道”的首航。同样的，由私人企业捐助的美国人罗伯特·皮尔里（Robert Peary），成为第一位踏上北极的英雄。

当然，这几个个别、特殊的事件，可能只是偶然，不能用来臧否“政府”和“民间”探险队的优劣。可是，一旦深究，两者之间的歧异更明显。

根据记录，官方的探险队，平均有70位船员，私人的探险队是16人；官方的探险队平均是1.6艘船、重600吨，私人的是平均1.2艘船、重277吨；官方的探险队，平均每次有6人遇难，是队员数的9%，而私人的探险队是平均每次有1人遇难，是队员数的6%；官方的探险队，每次平均损失0.5艘船、重198吨；私人的探险队平均每次损失0.24艘船、重60吨。

这些数字，反映了在官方支持和私人进行的探险队之间，确实有相当的差距。而且，这些明显的差距，并不是偶然。可是，是哪些因素造成这些差距呢？由各种报道、访谈、回忆录和文献档案里，比较官方和私人探险队之间的主要差别，可以得到一些后见之明。

最重要的，是官方探险和私人探险，隐含不同的“诱因”——多么令人熟悉的字眼！私人资助的探险，目标非常明确，就是要找到西北航道或到达北极；相形之下，官方支持的探险，却在这两个目标之外掺杂了许多其他展现国力、商业利益、仕途升迁等的考虑。

在这种背景之下，官方和私人的探险队在领导统御、组织结构、人员配备，乃至于对相关信息的萃取上，都有明显的差别。譬如，最先找到西北航道的阿蒙森，曾经长时间在极区活动，训练体能。

而且，由于担心会受制于船长，他又花了几年的时间，取得船长的执照。相形之下，造成整个探险队折翼的富兰克林，没有操舟、狩猎或越野的经验，他被指派担纲，是因为他“有显赫的家世背景”。又譬如，私人探险队早就由极区土著处，摸清楚造雪屋、用雪橇、防寒保暖、以小群体行动的做法；官方探险队有政府撑腰，往往耗费大笔经费，却采用人地不宜的配备和组织——最先踏上北极的皮尔里，在极区活动时，人数不超过五个人；富兰克林率领历来最坚强的阵容之一，结果 129 人全部罹难。

两相对照，令人触目惊心。这些材料，是一位美国经济学者长时间收集而得，他的研究成果，发表在重要的《政治经济评论》（*Journal of Political Economy*）里。这篇论文，当然不能算是评判政府和民间、官方和私人之间差别的定论。在很多时空下，官方的作为也确实出类拔萃。而且，在现代社会里，许多事情还不得不由政府出面。

不过，作者希望传递的讯息，其实很清楚：“原则上”，民间比政府有效率，私人比官方更专业。

而且，极区探险只是例子之一而已，在其他的活动上，公私之间的高下也非常明确。在非洲，因为长年猎杀，大象数目急剧减少。为了保育，肯尼亚把大象国有，受政府的保护。相距不远的津巴布韦，则把大象划归给各个部落所有。结果，肯尼亚的大象继续消失，而津巴布韦的大象是以每年 5% 的速率增长！

结论很简单，我的观点，与那篇论文的作者、与其他绝大多数的经济学者看法一致：运用资源时，先民间而后政府，不到万不得已，不要麻烦政府这位老大哥——无论古今中外、无论温度多低多高、无论人或大象……

琢磨

每个社会发展的轨迹不同，进展的速度也不一样。在同一个时点上比较彼此，经常会引发好恶和爱憎分明的反应。不过，由社会科学的角度来看，古今中外不同社会的经验，都是可贵的材料，可以从里面萃取许多智慧，也可以检验学理的普遍性和持久性。

这一章的几个故事里，都反映了多元价值的重要。而且，在社会的主要价值体系之间，最好彼此支撑，而又能彼此竞争和制衡。市场和政府之间，比较容易形成竞争和制衡；而行政部门和司法体系之间，要形成竞争和制衡显然要困难得多。对于东方社会而言，更是艰巨的挑战。有没有速成的做法呢？或者，有没有一步一个脚印、滴水穿石而终抵于成的做法呢？

第六章

卖桔者言

香港社会里务实求利的精神，和地理位置以及市场经济有关；崇尚法治的传承，和港英治理有莫大的关系。香港经验能不能扩充和移植到其他的华人社会，在理论和实际上，都是不折不扣的大哉问！

香港精神?

在我利用休假的时间，在英国牛津待的一年时间里，我曾问过很多人，英国社会的核心精神到底是什么？我得到许多不同的答案，而我自己的体会，则是英国有一种浓郁的历史感（sense of history）。在衣食住行、在典章文物上，耳闻目见都是那股令人发思古之悠情的历史情怀。

后来到香港，预定要待上半年多，我又忍不住好奇心，四处问人：一言以蔽之，香港的精神是什么？

一位文史教授，已经在香港教书十余年，他认为没有所谓的香港精神，如果有，就是一般人重视实际和实利的特性。另外一位学者，香港长大，长期在美国工作，他沉吟了一下，认为这的确是个好问题，可是他真的不知道答案是什么。

还有一位土生土长的地道香港人，他觉得现在香港人口里，大约有一半是大陆来的新移民，因此在新旧掺杂的情形下，很难为香港的精神下个脚注。不过他建议，如果我想看典型的香港人，最好到传统市场里去。因为，在传统市场里，大部分是年龄较大、地道的香港人，他们的神情举止、服饰仪容、和摊贩讨价还价的遣词用字、比手画脚，都是不折不扣的香港“原味”。如果有所谓的香港精神，那就是，而且也才是真正香港精神的一环。

我还没有机会到香港的传统市场里去体验，不过我却想到：如果能找到统摄一切的某种精神，那么这种精神，是不是也反映在某些具体的、能看得到、摸得着，最好能量化的事物上？

在英国，历史感无所不在，而例子也俯首可拾、不胜枚举。有兴趣的人，不妨作个统计，比较一下英国和其他国家的差异：博物馆的数目、博物馆的预算、相关基金会或协会的数目、每年出版关于历史书籍的册数、历史人物的传记、排行榜上出现的次数、各地古迹所雇向导的人数、超过两百年历史的学校数等。如果考虑总数和所占人口的比例，我相信在很多项目上，英国都会名列前茅。

我记得在英国时，还看过一个传统智慧，半真半假却非常传神："如果某件事做了之后会成为头一遭，这件事就不值得或不应该做。"可是，无论是哪一种精神，无论可不可以量化，探索那股统御社会的精神，到底有什么意义呢？

对于一个旁观者来说，如果能琢磨出某种一以贯之的神韵，显然有具体的实利。在和当地人相处时，知道重点在哪里，知道如何因应，也知道如何预期。因此，在一个重历史的环境里，强调日新又新是自找麻烦。同样的，在一个强调日新又新的环境里，强调夙昔典型是自讨没趣。

除了实利之外，掌握了一个社会的主导精神，还有智识上的兴味。既然是主导社会的脉动，所以在社会的典章制度和一般人的言行举止上，都直接间接、明白隐晦地含蕴着那种气息。因此，如何在各个角落里、在人们的举手投足上捕捉那种气息，显然又有挑战性、又有趣味——文天祥的《正义歌》，一开始就提到："天地有正气，杂然赋流形。下则为河岳，上则为日星。于人曰浩然……"因此，探索每个社会的"正气"，再追究那股"正气"在各个角落里的流形，不是饶有趣味吗？

另一方面，对于身处其中的人来说，掌握了整个社会的神韵，倒是有另外一层意义。因为身在当中，就像入芝兰之室，久了不觉得有任何特别。因此，对于隐藏在一切背后的那股精神，可能反而视若无睹或茫然不觉。然而，这只不过表示，身在其中的人容易知其然，而不知其所以然罢了。

可是，如果能觉察到，自己和别人有意无意所遵循或展现的游戏规则——无论是历史感、重实际或实利或其他——其实隐含了另一种可能性。就是因为许多作风已经是理所当然、众议佥同，所以一个稍有创意的人，大可以添加一些新意。有意识地采取稍稍不同的做法，反而能让别人耳目一新，结果利人又利己。

而且，因为推出新点子的人，就是当地的一分子，所以推陈出新的做法，更能得到其他人的认同和支持。在这层意义上，罗大佑的《东方之珠》、张学友对歌曲别树一帜的唱法，乃至于周星驰《少林足球》的电影卡通，能引起普遍的共鸣，显然都不是偶然。他们都是浸淫香港文化许久的香港仔（the native son），并且都在自己的领域里，酝酿出延续过去但又有别于过去的新意。他们的作品，并不能和香港画上等号，但是，任何人想到他们，绝对不会把他们和香港切割开来。

当然，除了这些智识上或实际上的考虑之外，探究香港精神，对华人社会还有一层特殊的意义。香港，是华人社会里和西方接触最早的地方之一，而后因缘际会，曾接受西方法治的洗礼，现在又成为化解海峡两岸分歧的参考坐标。未来，当华人社会进一步发展民主法治时，无可避免地要经历阵痛，而香港，将更具有无可替代的指标地位。因此，探究香港精神，对华人社会长远的发展，显然有令人不可忽视的深远意义。

关于寻觅香港精神，虽然我已经有一两个着手的地方，不过，我还没有真正地开始进行自己的探索之旅。而最后会是满载而归还是一头雾水，也无从预料。可是，经过这一番沉吟，我开始玩味：如果有人问我，一言以蔽之什么是“台湾精神”，我又会怎么回答？

观卖桔者言

刚到香港的人，很容易有一些初步印象：人多、绿地少、水泥地多。不过，一进建筑物的大门，立刻觉得别有洞天，又是另一番景象。可是，到香港稍久，会有进一步的体会，特别是对社会科学研究者而言，香港有许多值得探讨的题材……

就一个经济学者来说，到香港不久，我就对某些现象大感好奇。首先，是公寓大楼外的晒衣架。许多十余层几百户的公寓大厦外，每户人家都伸出三四支晒衣架，一旦上上下下挂满衣物，景象很是壮观。我很好奇，如果衣物没夹紧或是风大，总有飘落的时候。那么，万一掉在别人家的衣架上，彼此的权利义务如何？还有，万一掉落在最下面一层的阳台上，是不是有特别的通道好让人出入拣拾？

其次，是大楼之间的通道和陆桥。因为人口非常集中，所以香港的建筑又高又密。而为了方便往来，大楼与大楼之间，往往有通道相连，或者相近的建筑之间，有陆桥相通。我很好奇，这些通道和陆桥，显然都是人人可用的“公共领域”（public domain），那么平常的清洁维护怎么处理？还有，万一发生行人意外受伤或偷窃抢劫，责任如何划分？

对于这些问题，虽然我还没有机会请教本地人，不过我相信，经年累月之下，一定已经形成一些习惯，处理这些人际交往所衍生的“产权”问题。

到香港快一个月，我认为最有兴味的发现，是在“黄大仙庙”前看到的一幕。我和家人带着旅游导览，按图索骥，黄大仙庙，就在地铁站出口不远。进了庙门之后，左边有一排香铺店，叫卖各式香烛物品。然后，沿着斜坡而上，先经过一个不大不小的喷水池，游客都在池外伸长了手，接住一些水滴，然后往头发上抹——后来才知道，以池水抹发，可以保平安！水池不远，就是有近百年历史的黄大仙庙，这是香港的九大名庙之一。主庙本身，宽大约 20 米，并不特别雄伟壮观，不过因为有求必应、法力无边，所以庙前挤满了善男信女，烧香求签问卜。

我们在庙前行礼参拜，离开之后才在庙门口注意到有一列人。我算了一下，总共有十二三个人，偶尔会增减一二。他们排成一长列，每个人的手上，都吊着一个大提袋，装满了一包包的香烛。当有香客走近时，最前面的那个人，就走上前去推销，而香客通常没停下来买。交易不成，推销的人就绕到队伍的最后面，重新排队，等下一次机会。如果路过的人快速走过，排在最前面的人没有机会推销，他还是排在最前面，不过，如果他已经走近香客，有了推销的动作，就不能留在前面，而必须回到队伍的最后面。

琢磨出游戏规则

可是，到底有没有推销，其实界限很模糊，有趣的是，这十几个人鱼贯而上、而出、而回，彼此相安无事。也就是，他们已经琢磨出一种游戏规则，维持彼此之间和平的竞争。

他们成功的概率，似乎并不高。我看了大约十五分钟，他们只做成四笔生意。如果这是正常情况，一个小时有十六笔，每个人做成的生意不到两笔。加上每包香烛的金额并不高，一天八个小时下来，能够挣得的一定是蝇头小利。

我这么粗略一估算，马上意识到，他们一定多半是老弱妇人。因为她们的机会成本最低，而且比较容易争取香客的同情。如果是年轻力壮的人，大概会是肢体上有缺陷。我定神一看，果然如此：十二三位里，除了两位之外，都是五十岁以上的妇人。仅有两位男人，大约四五十岁，虽然年富力强，可是都有一只胳臂少了手腕和手掌。他们和老妇们自食其力的精神，同样令人敬佩。

这一列推销香烛的队伍，当初到底是怎么形成的，想必没有见诸文字。不过我猜想，大概八九不离十：过年过节时，到庙里的人多，除了熟客之外，还有许多生客。熟客，会到庙门里面的香烛店去买；生客只图方便，因此有了潜在的需求。

刚开始，可能只是少数一两个妇人游走叫卖，因为人少，大概生意不错。加入的人愈来愈多，最后盘踞在庙门口。虽然每个人都可以各自叫卖，但是人一多，反而造成混乱，既彼此抵消力气，又有碍观瞻，甚至对进香客造成困扰，引发纠纷。后来，不知哪个人福至心灵，想出这个好办法：想叫卖的人，都可以叫卖，但是需要大家排成队，轮流上阵推销、各逞所能。既有次序，又不会彼此竞争，又不会骚扰进香客。虽然表面上是划地自限，其实是自求多福。

自然形成小均衡

这个队伍，不会太长也不会太短。因为，太长了轮到的次数太少，入不敷出；太短了收入增加，会吸引其他人加入。而且参加这个队伍，每天能赚的钱有限，因此只适合年龄大的人（年龄太小的儿童，可能违法），因为年轻人有更好的机会。在这些主观条件和客观条件的支撑之下，就形成了一个“小均衡”。支持的条件不变，这个均衡可能延续下去，如果条件变化，这个均衡也会发生变化，甚至可能就此消失不见。

对旁观者来说，一般人可能觉得理当如此，不足为奇。可是，对一个经济学者来说，却有额外一层意义：聪明的人，会摸索出一些利人利己的生存之道，这些游戏规则不是事先规划，而是自然形成。而且一旦形成，似乎环环相扣、恰到好处。如果经济学者想提出兴革建议、提升效率，还真不知道要从何下手、要如何置喙！

我很好奇，香港人多地少的特色，会不会酝酿出人们在行为上或思维上的某些特质？而黄大仙庙前的一幕，大大地加强了我的好奇心……

香港的 SARS 和台湾的 SARS

人生际遇，实在很难逆料。有次应邀到香港城市大学客座半年，竟然碰上SARS。当时，香港的疫情逐渐稳定，而台湾的情形却似乎正在加剧。我来自台湾，身在香港，眼看SARS在两地的情形，多少有一点感想。

首先是台湾的情形。曾在报纸上，看到几则新闻：一是陈水扁在“总统府”，召集台北各主要（教学）医院的院长开会，研拟对策；二是“内政部”部长余政宪带头，突击检查民家隔离的情况，对于该在家而不在家的人，余政宪当场指示，开出罚单；三是台北和平医院封锁时，有些医护人员离开岗位，马英九严正表示，医护人员擅离职守，视同“阵前抗命”。这些新闻，都是我隔着一段距离，所看到的报道。

其次是我在香港亲身的体验。SARS爆发后，学校曾经停课两周。复课之后，校方公布一连串的措施，调整教学和考试的进度。而由几件小事上，可以看得出学校的处置。一是在校园入口，警卫主动提供口罩，给所有进出校园的人使用；二是图书馆里部分区域清空，撤除所有不必要的陈设和布置，特别是橱柜和布幕；三是每隔十天左右，由校方发到各系，给所有的师生每人两只口罩；四是电梯的控制板，全部贴上透明胶布，经常有工作人员擦拭消毒；五是最大的学生餐厅里，供应抛弃式的刀叉筷匙，而且调整桌椅布置，把本来餐桌两边对望的座椅撤掉一排，避免进餐时面对面而坐。

有天下午，我教的课程期末考试（香港采英制，每年三个学期，当时第二学期刚结束），我到教务处领考卷时，教务处人员给我一大包东西，并且略作说明。我带进教室打开一看，发现学校准备了这些材料：一个讲义夹，里面有注意事项，要求老师监考时做到，包括提醒学生戴口罩、注意体温等，一个由电池操作的体温计、一双手术用手套（收发考卷用）、一盒简易式口罩、一罐喷雾式酒精，还有一包消毒用手巾。这不是特例，是学校为每一个老师、每一门课程期末考试所做的安排。以我长期在台湾成长、生活、工作的经验，能做到这种精致程度的公私机构，在台湾可能为数不多。而且，我相信城市大学的做法，也反映了香港其他的公私立机构的一般水平。

相形之下，台湾首长们的大动作，却令人困惑。陈水扁召集第一线的医院院长开会，有实质意义吗？指挥医院院长的，应该是他们的直属长官，也就是县市的卫生局局长或“行政院”的卫生署署长，即使由“行政院”院长来直接指挥，都是违反行政体制的。在一个强调专业挂帅的现代社会，这是很令人讶异的做法。“内政部”部长余政宪的举止，也同样令人不解。“内政部”之下有警政署，警政署之下有各县市的警察局，县市警察局之下还有其他组织，由“内政部”部长直接抽查居家隔离措施，并且当场指示开罚单，轻则违反指挥体系，重则违法。当然，这不是余政宪第一次违法。嫌疑犯戴上头罩，是保障人权、尊重司法独立的基本措施。可是，他曾在媒体面前，当场要求警员卸下嫌疑犯的头罩！

马英九视同“阵前抗命”的狮子吼，同样令人心惊。阵前，是面对你死我活的敌人，阵前抗命，受军法审判。护理人员抗命，是受一般法庭还是军法审判？在军人、警察、消防队的薪水里，有“危险加倍”的部分；相形之下，和平医院的护理人员，领有同样的加薪吗？该承担类似的风险吗？就事论事，依法言法，和平医院那几位医护人员，能“视同”阵前抗命吗？在哈佛大学法学院教马英九的老师们，如果听到他这种宣示，不知道会作何感想？

台湾和香港两相对照，一方面是行政首长们舍我其谁、进退失据，并没有实质效果的大动作；一方面是将心比心、为所当为、明确具体的小动作。除了“外地的月亮比较圆”“长他人志气，灭自已威风”等说辞之外，对于两地的差别，是不是也能有一些后见之明呢？

依我浅见，台湾和香港的歧异，主要是文化背景和历史经验使然。香港是华人社会的一环，但是经过港英治理之后，已经具有英国文化的某些特质。一方面，文官体系成形，分层负责，各有所司；另一方面，司法独立深入人心。因此，虽然董建华在香港有些批评的声音，在台湾也会受到调侃，但是在我的印象里，常在电视上看到他四处走动，可是从来没有看过他直接指挥基层单位。在三权分立、自成体系的文化里，他脑子里根本不会有那种念头，即使有，如果他想那么做，别人也不会让他那么做。

台湾，则依然延续华人文化的传统，行政权凌驾一切，而且是最高层集权。基层无从负责，也不敢负责。最高首长冲到第一线，自己不觉得有什么不对，别人也不以为忤。这是传统文化的桎梏，源远流长。不只“新政府旧官僚”是如此，“新政府新官僚”也不遑多让。这是华人文化里已然成形的“原罪”，需要特殊的际遇或有意识的努力，才可能逐渐过滤洗涤。到底“新台湾人”什么时候才会出现，真是令人有无比的期待。

当然，一叶不足以知秋。对于单一事件，无须赋予太多的意义。不过，香港和台湾的首长都强调：对抗 SARS，人人有责。我只是站在一个社会科学研究者的立场，由 SARS 各处肆虐的行径里，希望萃取出一点有意义的讯息！

琢磨

这章里的三篇文章，都和香港有关。在华人社会里，香港当然有着极其特殊的地位。香港社会里务实求利的精神，和地理位置以及市场经济有关；崇尚法治的传承，和港英治理有莫大的关系。现在，华人社会普遍“走资”，但是“法治”的传统却还有待雕琢。香港经验能不能扩充和移植到其他的华人社会，在理论和实际上，都是不折不扣的大哉问！

另一方面，在香港客座结束之后，我回到台湾，好几位朋友告诉我，SARS 的文章在台湾见报之后，台湾很多公司机关的大楼里，电梯的控制板上都贴了透明胶纸，但是也仅止于此。以小见大，面对问题时，作业程序的精致或粗糙，本身就反映了社会专业精神的高低。专业精神和资本主义之间的关系，似乎是另一个值得探讨的课题。

第七章

翠玉白菜值多少钱？

经济学者在意的，是不同的事物在彼此的衬托下所呈现出的状态。同时更加关注价值在时空中的变化，以及这种变化所透露出的讯息。他们希望能阐明价值的内涵、价值体系的特性和价值变迁的脉络。

牛奶和真理

在经济学教科书里，经常会用鲁滨孙和星期五的例子，说明以物易物的基本原理。可是，虽然他们的例子生动有趣，他们之间的交易和工商业社会里真正的“市场”相比，相去不可以道里计。

现代社会里，衣食住行都脱离不了市场，而经济学者由研究市场里，也得到许多重要的体会。事实上，经济学者还利用“市场”的观念，去分析许多非经济的活动。诺贝尔奖得主布坎南和科斯，是其中的佼佼者。布坎南认为，官僚政客和一般人一样，也会尽可能地追求自己的福祉（升官和当选），因此，分析牛奶市场的观念，也可以用来分析官僚和政客的市场。

科斯的体会，异曲而同工。他曾发表一篇论文，名为“商品的市场和言论的市场”（The Market for Goods and the Market for Ideas）。主要的论点，是在牛奶面包等商品的市场里，厂商会争取通过有利的法令，保障自己的地位。同样的，在言论思想的市场里，以报纸杂志电视广播为主的厂商，也会争取对他们有利的法令。因此，对经济学家而言，“市场”变成一种参考坐标，在分析人类行为和人际互动时，会自然而然地以市场为标杆。

由这个角度来看，就不难体会最近在美国经济学界的一场小论战。对阵双方，都是经济学界赫赫有名的人物：一位是斯坦利·罗森（Stanley Rosen），是芝加哥学派的代表性人物之一，曾当选美国经济学会的会长；另一位是利兰·耶格尔（Leland Yeager），是南方名校奥本大学（Auburn University）的讲座教授。论战的焦点，就是“市场”这个参考坐标。

论战的导火线，是罗森发表了一篇论文，探讨奥国学派和新古典理论之间的互动。奥国学派的基本立场，可以以最负盛名的哈耶克为代表。他认为，价值是主观的，不一定能由客观的数字来衡量；市场的价格体系，能发挥传递讯息的重要功能，而且全是自发性的；相形之下，计划经济以人为神，会扭曲资源的流向。

罗森主张，虽然对于哈耶克的基本理念，经济学者大多耳熟能详，奥国学派的经典名著，也曾启迪无数年轻人的心智。可是，就事论事，以“市场”的尺度来检验，奥国学派表现不佳。在学术的市场里，经过筛选过滤、竞争淘汰，除了零星散布的极少数经济学者还奉奥国学派为正朔之外，绝大多数的经济学者都是新古典理论的信徒。因此，奥国学派的处境，虽然不能以奄奄一息来形容，但是和偏处一隅、自生自灭其实相去不远。

对于罗森这种踌躇满志、“试问今日之域中竟是谁家之天下”的语气态势，耶格尔也毫不客气地针锋相对。他先澄清，自己并不是奥国学派的死忠信徒，最多只能说是奥国学派的同情者。但是，站在旁观者的立场，他觉得该针对罗森的“市场考验”（the market test）说几句公道话。

耶格尔并不讳言，在经济学界里，奥国学派确实是不成比例的少数。而且，虽然有自己的学术期刊，可是这个学派的学者，却往往在圈内彼此传教，或是玩弄文字游戏。奥国学派逐渐边缘化，有以致之。可是，对于罗森沾沾自喜，以“市场考验”来论证学术上的优势劣败，耶格尔却大不以为然。他反问罗森："从什么时候开始，市场是鉴定商品、文学、艺术、音乐、科学和学术等高下优劣的仲裁者？"而且，"从什么时候开始，真理和美是由市场来决定的？"

这两个掷地有声的问题，一针见血地指出罗森的盲点。对很多活动来说，并不适于用牛奶面包的"市场"来检验质量的高下。当然，耶格尔的质疑，可以从另外一个角度来引申……

在牛奶的市场里，每个消费者的声音一样大，票票等值，没有所谓的权威可言。可是，在文学、艺术、音乐的市场里，票票不等值，评估好坏高下，确实有另外一套尺度。而在学术和真理的市场里，票票不等值的现象更明显。著作等身的人，说话当然比两袖清风的人大声；诺贝尔奖得主顺口一句话，分量往往要比新科博士的整本论文重得多。这种差异，反映的是学术活动的特质——累积精致的价值，是一个凝结雕塑的过程。这个过程里，有新手、老手、低手、高手、小明星、大明星、超级巨星……

因此，牛奶的市场，在结构上像是一视同仁的平面；而真理学术的市场，则像是层层积累的金字塔。牛奶和真理学术的这两个市场，等于是光谱的两个极端。罗森的缺失，就是把这两者合而为一。在经济学里，奥国学派和新古典阵营的相对地位，大概不会因为罗森和耶格尔的论战而有太大的变化。不过，罗森和耶格尔的论争所透露出的最大的启示，是让"市场"的概念比以前更精致。

当我们分析公共政策和教育等问题，并希望以市场为参考坐标时，显然必须提醒自己：我们所面对的，是比较接近牛奶的市场，还是比较接近真理的市场？

一以贯之的道

在人类的历史上，文字印刷、火药、罗盘，固然都是极其重要的发明。不过，在影响的深度和广度上，这些发明都远远比不上“货币”。货币的演变，本身就是极其有趣的一个过程。从早期的贝壳，到后来的铜铁金银，到近期的纸币、信用卡，以及网络上的虚拟货币，其中的曲折起伏，已经有汗牛充栋的论述。

对经济学（家）来说，货币——钱——之所以重要，是因为这是大众都接受的媒介。有了这个媒介，才可以支持各式各样的交易。而有了交易，才可能创造“剩余价值”，才可能积累资源和财富。如果没有这个“共同的度量”（common measurement），即使有再多的比尔·盖茨，也不可能促成信息革命。事实上，如果没有货币，根本就不可能有比尔·盖茨——一个都不可能。现代社会的市场活动，事实上是由不起眼的货币所支撑。

不过，这是经济学者的体会，是一般民众不感兴趣的益智游戏。对社会大众来说，反而比较在乎关于“钱”的一些传统智能：钱不是万能的，但是没有钱却是万万不能的；有钱能使鬼推磨；贫贱夫妻百事哀；钱不是一切，但是钱却可以转换成许多其他的东西。

有一天傍晚，沿着环绕香港城市大学校园的林间小径慢跑时，我突然想到这个问题。经济学者知道货币有重要的功能，也知道金钱的诸多意义，可是到底有多重要，能不能换个角度想：不是把钱换成牛奶面包，而是把所有的价值和情怀转换成货币？如果喜怒哀乐、美丑善恶都能转换成货币单位，不但市场的规模会扩大，人与人之间的交往也会大异于过去。

情怀转换成货币

虽然这个想法有点荒谬，但是也有相当的意义。除了有智识上的兴味之外，或许也能触及经济学某些根本的问题：以经济学一以贯之地试着分析各种社会现象，疆界和局限到底何在？当我为自己设下这个问题之后，就三不五时地在脑海里盘算：怎么帮我面对的情境定个价？怎么为我情绪上的感受找个货币单位？

一定下问题，考验马上到来。某天下午去听一场校内的演讲，因为在研究室里赶文稿，所以晚到了 20 分钟。演讲厅已经关上大门，但是外面有一个大银幕，作实时的转播。室外没有座椅，我觉得有点懊恼。我立刻问自己，这种不快值多少钱？

思索一阵后，我发现没有着力点，不容易为小小的不快定出一个价格，因此，我换了一种问法：自己愿意付多少钱，进场去坐着听演讲？因为演讲质量如何，我并不清楚，所以斟酌之后，我想我愿意掏 10 美金入场，而不愿意站在外面看。没过多久，工作人员好心帮我拉了一张椅子，坐在椅子上，懊恼的情绪大幅下降。现在，我大概只愿意付 2 美元进场。其实，无论是哪一个价钱，细究之下，和懊恼情绪的关联都很模糊，最多只是一种直觉的揣测而已。

第二天上午有课，下课后几位同学聚到前面来讨论问题。其中两位拿了我的书，请我签名，我觉得很有趣，因为在台湾教书十多年，还没有学生请我签名过。在城市大学客座没几个星期，就有这种际遇。走回研究室的路上，我试着揣摩，心理上小小的虚荣，大概值多少钱。我知道，自己不会付钱请别人找我签名，所以“愿付价格”（willingness to pay）的想法，这次行不通。换一种方式，我问自己：在地上意外捡到多少钱，大约会有同样的快乐？琢磨一番之后，我想 1000 美金太多，而且没捡过，也不知道感受如何。快乐的程度，也许等于捡到 100 美金，而且不必交给警察。

为别人的成功高兴

回到研究室，电子信箱里有一封学生寄来的短函："老师，我终于通过博士口试了，特别谢谢您多年来的鼓励！"虽然我早就预期他会过关，真正发生时还是很高兴。这位学生很特别，他大学读的学校不算好，毕业后到台北市政府工作。几年前，他参加推广教育，到台湾大学修学分，我鼓励他考研究所，他一口气考上台大动物研究所。读完硕士之后，又考上博士班。在知天命之际，终于通过口试，成为台湾最高学府的博士。对于他的升迁，这个学位帮助不大，但是对他个人而言，却意义非凡。我知道他一路走来的历程，所以特别为他高兴。

这种为别人高兴的情怀，又可以换算成多少钱呢？对于他自己，今天很可能是他一生最快乐的几天之一，但是，我虽然高兴，却还是隔了一层。我"应该"觉得很欣喜，可是仍然很难定个价格。为了这种喜悦（而不是为了让他通过口试)，我真的不知道愿意付多少钱。也许这种感觉，和在口袋里意外发现有 500 元美钞一样！

缺经验难找参考

由这几件事例里，我体会到要把其他价值转换成钱并不容易。以金钱来一以贯之，实际上很困难。不过，经过这个小小的益智游戏，也不是全无收获。

至少，我知道以“愿付价格”来处理公共政策（如果新设一座公园，你愿意付多少钱），误差可能很大。原因很简单，对于经验里所没有的事项，不容易找到有意义的参考点。至少，我也知道，在思维的方向上，要把其他价值转换成钱是不容易的；相反的，由金钱转换成其他价值，就比较有脉络可循。譬如，花钱买一束花，很容易转换成友情、爱情、亲情和自己的好心情。还有，至少我也知道，金钱出现的时间还不够久，因此比不上人在农业社会里所发展出来的生理机能，更比不上人在原始社会里所演化出的喜怒哀乐的情怀。但是，如果时间够久，货币所能发挥的空间，想必会愈来愈宽广。

据说在日本，很多子女都在外地工作，因此过年过节时，父母就花钱雇一些“假子女”来承欢膝下……

翠玉白菜值多少钱?

几年前我曾到一个司法单位演讲，介绍经济学对法律的分析。听众多半是法学背景，对新兴的“法律经济学”接触不多，因此几乎是以一种义愤填膺的方式，来面对经济学帝国主义（economic imperialism）。

我记得，有一位听众举手表示：由经济学成本效益的角度看，对于临终的病患，是不是因为必死无疑，所以就可以袖手旁观，省下医疗资源？可是，人的性命难道能用金钱来衡量吗？

文化瑰宝难用金钱衡量

这种几乎是挑衅的质疑，我不是第一次碰上。我尽量克制情绪地回答：一个好的经济学者，不是这么看问题的，他真要仔细思索的，是当医生面对这位临终将逝的病人和其他的病人时，要如何分配他手上的医疗资源。因此，不是人命和金钱（医疗资源）比，而是这条人命和其他的人命之间相比！

经济学（者）看事情的角度，似乎不只和法律学者不同，和一般社会大众也颇有出入。由最近“为翠玉白菜定价”的争议上，好像又再次验证这种观点上的歧异……

翠玉白菜，是台北“故宫”里的镇山之宝之一。清朝玉匠巧思精工，把一块白中带绿的玉，雕刻成一棵白菜和蛰伏其上的蟋蟀。白菜和蟋蟀都栩栩如生，白绿相连的颜色卓然天成。这不只是台北“故宫”的无价之宝，更是人类文明的瑰宝。不过，会煞风景的，显然不只是经济学者。相关单位在查核各机关财产时，发现“故宫”里有许多典藏，在价值的字段上都是空白。因此，行文给“故宫”，要求更正补齐。翠玉白菜，就是其中之一！

消息见报之后，自然引起一波小小的涟漪。许多读者表示，翠玉白菜是无价之宝，不可能定价，主管单位食古不化，做法可议。还有人建议，效法梵蒂冈的做法，把许多珍贵艺术品象征性地定价为一元。虽然没有人点名批评经济学者，不过我知道，在很多人的心目里，经济学几乎等于唯金钱货币论。为翠玉白菜定价的做法，似乎就是经济学者的杰作。可是，真的是如此吗？经济学者又是怎么看翠玉白菜这件事呢？

定价一元做法观点粗浅

最粗浅的观点，是赞成定价为一元的做法。为了符合财产登录规定或计算机程序处理规则，可能必须要有个数字，象征性地写下一元，只是符合规定，并不表示真的只值一元。比较深刻的思维，是“无价之宝”的实质内涵。就像“海枯石烂”“两肋插刀”等，无价之宝主要是形容非常珍贵，价值很高、很难定价。但是，并不是不可比较或不可处理，因为在许多无价之宝之间，还是有个高下排序。譬如，如果要由台北故宫选出“一件”最贵重的珍藏，那么在斟酌之后，还是会有取舍。

如果选的是翠玉白菜，可能是着眼于艺术和手工；如果选的是毛公鼎，可能是着眼于历史和文化传承。无论如何，无价之宝并不表示至高无上或绝对。而且，更具体的问题是，为了维护翠玉白菜、毛公鼎等无价之宝，要动用有形的人力物力，要有防尘防震防湿防火防盗的设施，而这些支出，都是由纳税义务人来承担。就像医生要在病人之间取舍一样，在众多的事项之间（“故宫”、教育、交通设施、治安），社会大众也必须面对抉择。单单宣称翠玉白菜是无价之宝，而忽略了柴米油盐这些平实具体的问题，可以说是见树而不见林！

更重要的，其实是了解“价值”形成和演变的过程。虽然众议佥同，将翠玉白菜视为无价之宝，可是不要忘记，人还是决定价值的主体。追根究底，客观的价值并不存在，价值的认定还是来自于人的认知和赋予。

经济学家不执着一时价值

当人们的主观价值有了交集，才有所谓的“客观价值”。因此，唐代的仕女，都以丰腴为美；而当代的美女，通常是凹凸韵律有致。一旦主观价值漂流变迁，客观价值也自然与时俱进。如果将来人们觉得教育更重要或太空探险更有意义，那么“故宫”的地位（和预算）可能就会相形见绌。“故宫”式微，翠玉白菜当然此一时彼一时，至于还是不是无价之宝，似乎就不是那么重要了。

所以，抽象地来看，经济学者在乎的不是单一事物的意义或单一对象的价值，经济学者在意的，是不同的事物（对象）在彼此衬托之下，所呈现出的对应状态。而且，经济学者也不执着于一时一地的价值，而是更注意价值在时空中的变化，以及这种变化所透露出的讯息。经济学所探讨的，不只是“价格”，而是更广泛的“价值”。价格，只是众多价值之一而已。经济学者希望能阐明价值的内涵、价值体系的特性和价值变迁的脉络。

结论很简单：翠玉白菜值多少钱？老实讲，在经济学家的眼里，这个问题并不重要！

琢磨

这章里的三篇文章，虽然表面上是讨论牛奶、白菜这些平凡的事物，可是在表面之下，却蕴含了很多层的意义，值得细细咀嚼、再三沉吟。在牛奶的市场里，产品同质，竞争的意义比较直截了当。

在真理（其他价值）的市场里，产品不同质，竞争的意义要复杂得多，要分出高下，需要更精致深厚的条件。在哪些条件下，才能勉强维持一个差强人意的“真理的市场”呢？

此外，生命有价无价，听起来义正词严，其实偏离了真正的问题所在。关键所在，不是把生命和金钱放在天平的两端，而是在天平两端都放上生命——要提升生命的尊严，值得先发展教育还是先保障治安？先发展基础教育还是先提供基本医疗设施？

第八章

真正的“新中间路线”

好价值的出现，是有条件的！真正的“新中间路线”，是让经济活动有更大的空间。当市场规模变大之后，就更容易雕塑出稳定持久的专业价值。再加上一点时间和运气，也许才能真正“从沉沦中提升”！

真正的“新中间路线”

好价值的出现，是有条件的！

某天早上看报纸时，在两份主要日报之一的第二版，读到一篇名为《从沉沦中提升》的文章。作者是知名的历史学者，而文章的开头格外沉重：“台湾社会十年乱象，至2002年到达极点。媒体报道的社会新闻及选战暴露的政客嘴脸，在在令人痛心疾首。”经过几段细数沉疴和新患之后，作者提出深刻的呼吁：“我们不必等候那些已经败坏的头脸人物改过迁善。我们仍有机会从自己开始，从自己身边开始。”

这位历史学者悲天悯人的情怀，在字里行间表露无遗。不过，关于台湾社会近年来急遽的变化、价值体系的瓦解，已经有不计其数的论述。希望能指引迷津的建议，也所在多有。可是，每次看到类似的文稿，心里总觉得有点遗憾。由社会科学研究者一个旁观的角度，虽然看到同样的现象，然而在解读和兴革建议上，却有相当的差距。

让我由稍远的地方开始说起：我们都希望社会安和乐利、人际相处有礼有节、政府官员一心从公。这些都是“好的价值”，可是好的价值在哪些条件之下才会出现呢？

由最简单的两个人之间的情形开始考虑：如果我希望和内人关系

融洽，那么要雕塑这个小价值并不困难。我把所有的薪水和外快都交给她，每天勤奋地帮她做家务，再三不五时地赞叹："别的女生都愈变愈老，而你在望五之际，竟然愈来愈年轻漂亮！"有这些条件的支持，两个人感情好几乎是必然。一旦范围稍稍扩大，想想十个人或八个人相处的大家庭，在这个稍大的环境里，要形塑出"水乳交融"的好价值，容易吗？范围再大一些，在一个两三百户的小区里，要凝结出"敦亲睦邻、互通有无"的好价值，容易吗？

如果在大家庭和小区里，要支持好的价值都不容易，那么当范围扩大到三五十万人的城镇、几百万人的都会、上千万人的社会时，要在这些层次上维持好的价值，困难可想而知。因此，在新兴社会里，都市化加上民主化，再加上蓬勃发展的媒体，传统价值体系的松动、瓦解乃至于沉沦，并不令人意外。对社会科学研究者的挑战，是在这种变动之际，能平实而深入地指引一个有意义的方向。

要扭转价值体系的崩毁，在方向上显然有三个诉求的可能。层次最高的，是类似"风俗之厚薄，系乎一二人心之所向"的呼吁。这和传统文化里期待圣君哲王出现，相去不远。可惜，在许多新兴社会里，促使价值体系解体的，正是统御群伦的人物。所以，此路不通。

另外一种诉求方向，是层次最低的"由自己做起"。这是历史学者的呼吁，也是许许多多感时伤景文字的结论。可是，在价值体系松垮时，最无助的其实就是社会大众——在新兴社会里，有各式各样、抚慰人心的上人、先知、大师等，原因就在这里。因此，他们已经茫然无依，如何以自己为指标？要由下而上地自己做起，想来理直气壮，实际上此路一样不通。

事实证明，高层次和低层次诉求，都是死胡同。剩下的，当然是逻辑上的第三种可能——中间路线。在引领风骚的人物和一般社会大众之间，有另外一种社会结构，本身也维系着各自的价值体系——我指的是各个专业领域。

医生，是一个专业领域；建筑师是，老师也是；计算机程序师是，泥水匠也是。这些专业领域，规模或大或小、技术或高或低，都会逐渐形成本身的价值体系。在各自的领域里，决定好坏、高下、美丑等价值。在各个专业领域里，诚实、守信、彼此尊重等，都是有意义而且重要的价值。一般而言，规模大的专业领域，比较容易维持明确稳定的价值体系。因此，三个旗袍师傅，可能各说各话，但是一千位程序设计师，大概就容易雕塑出业内的“公评”。同样的，和国际接轨的专业领域，比较容易避免敝帚自珍、自矜自是的扭曲价值。

由专业领域界定维系的价值体系，有两种功能：往下，可以成为一般民众认同寄托的对象，因为在现代社会里，每一个人都直接间接属于某一个专业；往上，各个专业领域可以借着合纵连横，形成以专业价值为骨干的价值体系，而后和其他的价值体系竞争、制衡。

抽象地来看，专业的价值体系，是正常（经济）活动的副产品。既无须期待心灵改革，也无须向一盘散沙喊话。因为是自然形成，反而容易仰仗依恃。因此，真正的新中间路线，是让经济活动有更大的空间。当市场规模变大之后，就更容易雕塑出稳定持久的专业价值。再加上一点时间和运气，也许才能真正“从沉沦中提升”！

好价值的出现，是有条件的。

你说奇怪不奇怪

在纽约华尔街人潮汹涌的街角，地面上有一张百元大钞，可是，一直没有人去捡，为什么？

面对这个问题，大部分的经济学者会说：这个故事的前提不成立。如果地上有百元美钞，不可能没有人去捡。不过，极少数的经济学者可能会竖起耳朵、绷起神经，如果真有这种事，说不定了解事情的原委之后，可以写成一篇挑战传统智慧的好文章。可是，不论是哪一种反应，其实都挣脱不了经济学的手掌。人是理性的动物，会自求多福，即使看起来不寻常的现象，追根究底，还是人的理性和自利在作祟。

1994 年，两个年轻的经济学者申请到一笔经费，打算研究纳斯达克（NASDAQ）的证券交易情况。这个市场，是以科技、生化和中小型股票为主的交易重镇。和纽约证券交易所相比，在规模上已经互别曲头。而且，因为交易股票的性质使然，一直是举世瞩目的焦点。

根据证券交易的规定，凡是每股 10 美元以上的股票，交易价格以 1/8 美元为单位升降。因此，微软成交价的尾数，可能是偶数（0/8，2/8，4/8，6/8），也可能是奇数（1/8，3/8，5/8，7/8）。按理说，因为竞争激烈，交易量又大，因此股票价格落在奇数和偶数的机会，应该一样多才是。可是，两位学者却意外发现：事实不然。他们手上有 1991 年的事务数据，而在这段期间里，许多股票（包括苹果计算机在内）的交易价格只有偶数，而没有奇数。也就是，理论上价格应该每 1/8 美元一跳，可是实际上只出现 2/8 和 2/8 倍数的差距。

他们担心数据有差池，所以向不同的来源求证，结果还是一样。可是，明明有 1/8 美元价差的空间，可以成交获利，为什么凭白放弃？日积月累，不是错失了大把白花花的银子？——街角地上的百元大钞，真的一直没人捡！为了比较，他们又搜集纽约证券交易所同时期的数据。两相对照，差别非常明显。在纽约，交易价格偶数奇数都有，差距就是以 1/8 美元为单位。可是，在纳斯达克，某些热门股的交易里，奇数价格却是绝无仅有。

两位学者知道，他们的网中已经有一条罕见的大鱼，只要找出原因，扬名立万可以说是手到擒来……

经过进一步的分析，他们发现：在纳斯达克交易最频繁的一百种股票里，有 70 种只有偶数价位，包括英特尔和微软这些知名公司。另外 30 种股票里，则是奇数偶数的价位都有。显然，在纳斯达克交易的股票，价格可以正常起伏，但是实际上却有许多不正常的升降。

他们排除掉各种可能的原因之后，剩下的是最合情合理也最令人惊讶的解释：主要的股票经纪商（号子），彼此以默契维持偶数价位。以 2/8 美元的差距上下调整，可以增加号子转手的利润。因为所有号子买卖的价格，都在计算机银幕上出现，所以如果有人破坏行情，其他的号子可以联手抵制。因此，即使在厮杀最激烈、最唯利是图的股票市场里，借着号子彼此之间的合纵连横，就可以形成勾结（collusion）、抑制竞争。

两位学者把研究发现写成论文，发表在著名的《财务学报》（*Journal of Finance*）里。没想到，象牙塔里的研究，竟然在象牙塔外的世界掀起滔天巨浪。1994 年 5 月 24 日，他们公布研究成果，第二天，《洛杉矶时报》（*Los Angeles Times*）作了电话访问。消息在 5 月 26 日见报之后，立刻引发一连串的风波。第三天 5 月 27 日，过去采取偶数报价的号子，“突然”发现奇数报价的奥妙，在做法上也立刻改弦更张。短短几天里，在交易量前十的股票里，只有英特尔的报价还是偶数价位，但这也只是困兽之斗而已。10月19日，《洛杉矶时报》报道，美国司法部将调查纳斯达克号子们的做法是不是违反《托拉斯法》。于是一天之内，连英特尔的股价，也开始奇数价的起伏！

除了司法部的动作之外，证券交易委员会和证券经纪商协会也成立调查小组。不过，最具体的行动，是好几家律师事务所闻腥而至。他们代表投资大众，提起集体诉讼，控告号子们勾结垄断。经过漫长的司法程序，在1997年，36家号子同意庭外合解，他们无须承认不法，但是要拿出十亿美元的赔偿。

在这件事情里，谁是赢家，谁又是输家呢？最大的赢家，当然是律师们，代表投资大众的律师事务所，依契约可以得到赔偿金额的百分之三十。代表号子们的律师，虽然输了官司，照样有一笔可观的进账。两位学者和巨额赔偿无关，但是他们也名利双收。文章发表时（1994年），他们分别是范德堡大学（Vanderbilt University）和俄亥俄州立大学（Ohio State University）的助理教授，现在他们已经分别成为范德堡大学商学院的院长和圣母大学（University of Notre Dame）的讲座教授。

最大的输家，当然是过去在纳斯达克呼风唤雨的号子们。他们放弃1/8美元的蝇头小利，希望攫取更大的利益，他们放着地上的百元大钞不捡，而希望捞到更诱人的果实。结果，赔了夫人又折兵——美国证券交易所（AMEX）的一家号子，在报纸上登广告，调侃纳斯达克的同业：“我们童叟无欺，价差压得比果酱罐的盖子还紧！”

对经济学者来说，这桩事件也很有启发性。虽然在最深层的意义上，有钱就是能使鬼推磨，但不同的鬼在不同的环境里，很可能就推出不同的磨。即使在光天化日之下，还是可能出现稀奇古怪的人和事。因此，经济学者无须放声高喊“狼来了”，但是却可以，而且应该准备好，随时可以指出混在羊群里的狼，以及混在狼群里的羊！

当人行道上有一张百元大钞时，是要弯身捡起，然后昂首阔步而去？还是要四处环顾，看看有没有摄影机藏在某个角落里，或是有经济学者站在不远处冷眼旁观？

乐透乐透

周五傍晚，我还在研究室看书时，接到一个电视台的电话，问我晚上有没有时间上电视谈彩票。我的回答很干脆：晚上有时间，不过要陪儿子下黑白棋，还要洗碗拖地板，所以，有时间等于没时间！

放下电话，我觉得有点好玩。那时刚推出不久的乐透在台湾造成风潮，连我这个小隐于市的人，都不能身免。不过，我也好奇地问自己：如果上了电视，对彩票的现象有什么看法呢？琢磨一阵之后，我想我会自以为是地表示几点意见。

首先我会说：虽然乐透在台湾是新生事物，可是在其他国家或地区已经行之有年，因此无须敲锣打鼓、大惊小怪，分泌太多的荷尔蒙。彩票的主要性质当然是赌，但是在做法上，确实可以借彩票收入做公益事业。譬如，美国的名校普林斯顿大学和罗格斯大学，当初就是以发行彩票取得部分建校基金。

当然，彩票是赌博，也是一种商品，而这种商品的消费特征，也有迹可循。根据资料，在美国买彩票的人主要是集中在少数人身上：7.7% 的人买 60% 的彩票；20% 的人买 80% 的彩票。黑人比白人，平均每周多花 4.5 美元在彩票上；市区里的人、中年以上人口、男性、白人以外人种、低收入者、教育程度较低的人，通常买较多的彩票。因此，说“彩票是穷人们的游戏”，大致上不错。就像打高尔夫球的人多半是有钱人、逛夜市地摊的通常不是医生律师（因为时间有价），彩票的消费形态，也和其他商品的消费形态相去不远。除非台湾人和其他地区的人大不相同，否则热闹过后，也将会呈现类似的趋势。

其次我会说：对社会科学家而言，乐透在台湾所引发的风潮，提供了很多研究的题材。虽然大家都知道中头彩的概率很低（大约只有千万分之一），可还是前仆后继。而且，好像只要借着适当的方式，自己就能得到那个神奇的号码。

在某种意义上，这不足为奇。在人类穴居的时候，没有乐透。在演化的过程里，人们自然没有雕塑出适当的思维能力，可以用来处理出现概率为千万分之一的事件。因此，只好在后现代的 20 世纪末（其他地区）和 21 世纪初（台湾地区），由实际经验里去体会彩票的意义。

到底需要多久的时间，要开过几次奖，一般人才能摸索出“理性”？——知道明牌没有意义，知道自己中奖的概率很小很小。还有，要落空几次，才能提炼出某种“经济理性”？——知道在收入里，该花多少钱买彩票。这些，显然都是非常有趣的问题。如果有机会对排队买彩票的长龙，持续做问卷访谈，相信会得出很多有意义的指标。一方面，有助于了解台湾人的特性；另一方面，也可以看出人在特质上的普遍性。

再次，我会指出：台湾的社会科学研究者，其实没有尽到该尽的责任。在其他地区，乐透已经发行多年，也出现了数以百计的千万和亿万富翁。对于这些人得奖之后的生活和心理变化，也已经有许多研究。研究指出，除了中奖初期的兴奋之外，乐透得主们会逐渐回到他们原有的心理状态上。因此，虽然他们的物质条件明显改变，而且他们也多半觉得比以前快乐，可是最大的决定因素，还是他们原有的人格特质。原来就开朗乐观的人，依然开朗；原来就抑郁多疑的，得奖之后依然如此。因此，“与其羡慕天边的彩虹，不如浇灌身边的土壤”的确有道理。当然，这是老生常谈，不需要借着乐透得主的行为来说教。不过，社会科学研究者也确实有责任提供这些资料，让民众有更多的信息，能比较持平地来认知和面对乐透。

最后，我会说：对于乐透，让我们尽可能从里面萃取一些正面的意义。既然每次的发行数量都接近2000万张（台湾人口约是2300万），乐透已经不折不扣地成为全民运动。每次开奖时，少不了有好几百万双眼睛盯着电视荧幕，希望自己就是那位幸运儿！

那么，为什么不利用这个全民瞩目的难得机会，做一点公民教育呢？在每次摇出幸运号码之前，无须歌舞表演，无须人物访谈，可以请各个专业协会轮流利用三分钟的时间，讲解或示范他们认为民众最应该知道的事。譬如，律师协会的人可以解释，遇上法律纠纷，最好的处理方式是哪三点；家电制造商的代表，可以提出购买家电时，最值得注意的是哪两项；美发师协会的专家，可以告诉民众平时该如何避免蓬头垢面。无论如何，这种“公民教育”，具体实在，一方面可以降低乐透的温度，一方面确实能发挥“公益”的效果！

当然，有些观众（读者）最关心的，可能还是数字的明牌。前面的内容，除了题目之外，不知道有没有人注意全长多少个字，共有多少个标点符号，其中多少个是句点，前后引用了多少个英文字母以及有多少个阿拉伯数字！

琢磨

在21世纪初，台湾社会处于一种极其特殊的状态。在个人生活的层次上，有相当的秩序和稳定性，而且已经慢慢接近发达国家水平。可是，在范围较大的层面上，却似乎充满了矛盾、冲突和不确定——政治运作，就是明显的例子。在小范围里的专业伦理，需要多久的时间，才能逐渐雕塑出大范围的专业精神？这个问题的曲折，确实费人思量。

在比较具体的问题上，各个华人社会的自我定位也还不明朗。新加坡，以中华文化为基础，但是已和国际社会成功接轨。新加坡的大学毕业生，可以到英语世界的任何角落里就业发展。相形之下，香港、台湾乃至于中国大陆的自我定位，似乎就要模糊得多。当然，值不值得有清晰的自我定位，本身就是值得玩味的问题。

第九章

识者克鲁格曼，智者张五常

张五常和克鲁格曼的文章，提供给读者不同的养分。张五常的文章，满足了读者智识上的好奇；克鲁格曼的文章，则是添增一个现代公民对经济活动，乃至于大势所趋的了解。

阅读大历史

在著名的经济学者里，约瑟夫·阿洛伊斯·熊彼特（Joseph Alois Schumpeter）和罗伯特·路易斯·海尔布伦纳（Robert Louis Heilbroner）能不能算是巨人，或许还有争议。不过，他们两位，绝对是经济学里出类拔萃的大师。他们两位，都以传世巨著闻名，他们挥洒出的大历史，确实气魄恢宏、高瞻远瞩。然而，他们的取材、视野，乃至于本身的行谊举止，也值得斟酌寻思。

熊彼特的作品里，最著名的是《经济分析史》（*History of Economic Analysis*）以及《资本主义、社会主义以及民主》（*Capitalism, Socialism, and Democracy*），两本都是长达数百页的巨构，内容上更是涵盖古今，臧否引领风潮的思想和制度。海尔布伦纳的著作里，最著名的是《世俗哲人》（*The Worldly Philosophers*）和《资本主义的逻辑》（*The Logic of Capitalism*），两本书都畅销而长销，发行量以百万册计，更翻译成多种文字。

由书名来看，就反映了两位都对资本主义念兹在兹，希望能得其精髓、直指鹄的。对于资本主义，熊彼特最广为人知的体会，是“创造性的毁灭”（creative destruction）这个概念。企业家承担风险、努力求新，推出新的做法或产品，推翻现有的秩序。源源不断的创新，是带动资本主义的生命力，在毁灭的灰烬上，诞生了新的火苗。

海尔布伦纳的着眼点，却另有所重。他认为，资本主义的生命力，完全系于“利润”（profit）。在过去的农渔牧社会里，以人力兽力所能创造的利润，极其有限。工业革命之后，技术进步使量产（mass production）得以实现，量产一方面扩充市场，一方面也促进了专业化和分工。随着市场的扩大，企业家的利润开始滚雪球，为了攫取和享有更大的利润，企业家会绞尽脑汁，无所不用其极。

熊彼特的创造性毁灭和海尔布伦纳的利润，分别点出资本主义的某种特质，对于资本主义的脉动，当然都有得其精髓的过人洞见。除了在学术上各擅胜场之外，在为人处世上，两人的风格也迥然不同。

熊彼特，风流倜傥，顾盼自得。他曾宣称，希望自己有三项第一：世界上最好的经济学者、最出色的马术家、最伟大的情人。当他移民美国，在哈佛任教时，对衣着极其考究。学生们回忆，熊彼特每次上课一定打不同的领带，而他的领带、胸前口袋里的丝巾和西装，一定是精心搭配，典雅体面。对于学生的成绩，他给分数的原则很简单——对于三种人，成绩为 A：女士、基督教徒和所有其他的人。对于远观的仰慕者，这是一位精致而有风采的绅士和经济学者；对于身旁的学生和同事，这种水仙花情结式的自恋，却反而可能令人迟疑和却步。

海尔布伦纳的为人处世，要低调平实得多，他像是街上熙来攘往人群里一点都不起眼的千百人之一。这种风格，也反映在他的作品里。在海尔布伦纳的书里，读者感受到才识、智慧、启发，但是作者却隐身其中。在熊彼特的书里，他却跃然纸上，而且似乎有意在字里行间挑起争端。与他同时代的，有瑜亮情结的约翰 · 梅纳德 · 凯恩斯（John Maynard Keynes），似乎是他挥之不去的影武者，和他纠缠厮杀、难分难解。

无论如何，读熊彼特和海尔布伦纳的论著，当然都不会空手而归。不过，也许在心理上稍有准备，可以有更大的收获。具体而言，读者至少可以注意两点：他们所探讨问题的本身，以及他们处理问题的方式。对于资本主义，海尔布伦纳和熊彼特都有深刻的分析，可是两人却有不同的企图。海尔布伦纳把自己定位为历史学者，希望能勾勒出资本主义的特性；然而，熊彼特却对于自己有更高的期许。他希望在掌握资本主义的脉动之后，能铁口论断资本主义的未来，以及最终的命运——他希望自己是掀开历史新页的先知！

许多经济学者认为，在探讨资本主义的诸多论述里，熊彼特的《资本主义、社会主义以及民主》最为深刻。海尔布伦纳也很推崇熊彼特，称誉在同一世代的经济学家里，熊彼特对于资本主义的分析无出其右。当然，即使是伟大的经济学者，手里也没有能未卜先知的水晶球——手中有水晶球的人，又有几个人真的能论断未来？资本主义实际的轨迹，当然不会完全契合原先的预测。

既然如此，在看熊彼特和海尔布伦纳几十年前笔下的传世巨著时，后世的读者该有哪些认知，又该有哪些期许呢？

最明显的，当然是关于资本主义这个跨越时空的大问题，可以享受到大师笔下辽阔的视野，以及他们慧眼独具的剪裁刻画。而且，面对庞杂的数据、多变的面貌，他们以简驭繁，分别归纳出资本主义的精髓。海尔布伦纳的“利润”和熊彼特的“创造性的毁灭”，都有画龙点睛、一以贯之的特性。在认识资本主义时，他们提供了两个明确的参考坐标，不仅可以作为认知上的切入点，也可以作为思考上的评估量尺。在比较其他类似规模的主题（譬如，社会主义、知识经济）时，就可以利用这两个核心观念，作为琢磨的起点。

不过，对于绝大部分的人而言，不需要处理资本主义或社会主义这种大哉问。因此，浏览大历史的实际意义，可能反而是在于捕捉大师们处理问题的方法。因为，掌握了的分析方法，可以用来处理其他不同的问题。譬如，熊彼特在分析资本主义的未来时，是针对五个主要因素（企业、市场、典章制度、文化价值和社会领导阶层）深入探讨。一旦面对其他的主题，读者当然可以依样画葫芦、顺理成章地问：哪几个因素，是影响未来走向的关键因素？

当然，阅读大历史最终的目的，特别是大师笔下的挥洒，可能还是在于熏陶自己，提升自己的境界。对于远超过自己生活经验的事物，通过海尔布伦纳和熊彼特等大师们的心灵和笔触，读者们可以为自己的生命添加养分，在阅读和思索的过程里，涓滴积累自己的内涵和素养。

关于资本主义的大历史，熊彼特和海尔布伦纳是两位实至名归的大师，关于其他主题的大小历史，读者当然也可以试着亲近其他的大师！

识者克鲁格曼，智者张五常

保罗·罗宾·克鲁格曼（Paul Robin Krugman）和张五常之间，是很有趣的对照。他们最大的共同点，是两人都是著名的经济学者，都在报纸上写专栏，也都有广大的读者群。除此之外，大同之下，他们还有许多曲折微妙的小异。

张五常 1942 年出生，在香港长大。在加利福尼亚大学洛杉矶分校（UCLA）取得博士学位后，到芝加哥大学作博士后研究。在芝加哥的几年里，他认识了施蒂格勒、弗里德曼、科斯、贝克和道格拉斯·塞西尔·诺思（Douglass Cecil North）等人，这些人后来都成了诺贝尔奖得主。可见得，芝加哥大学经济学系人文荟萃，而张五常也因缘际会，优游其中。

张五常后来转往位于西雅图的华盛顿大学（University of Washington）任教。1981年，香港中文大学经济系的讲座教授出缺，在诸多竞争者里，他脱颖而出。两年后，他应《信报》之邀，开始写专栏。专栏一炮而红，文章结集出书之后，也都高列畅销排行榜。后来他转往《壹周刊》，继续挥洒，至今笔耕不辍。不过，张五常回到香港之后，学术上的研究几乎完全停顿，除了写专栏文章之外，他开始投注心力到古董和书法等方面。相形之下，克鲁格曼动笔写专栏之后，学术研究并没有中断。

克鲁格曼，可以说是典型的少年得志。他出生于1953年，24岁就拿到麻省理工学院的博士学位，短短几年后，就因为学术上优异的表现，升为正教授。而且，他还得过美国经济学会颁发的约翰·贝茨·克拉克奖（the John Bates Clark Medal）——这个奖每两年颁发一次，表彰40岁以下的杰出经济学者。

1999年11月起，他应《纽约时报》之邀开始写专栏，并很受读者欢迎。《纽约时报》的网站上，每天都列出当天被下载或转寄次数最多的二十五篇报道或评论，克鲁格曼的文章，就常出现在这个人气排行榜上。他的文章结集出书后，也经常跻身各主要畅销书排行榜。然而，克鲁格曼一边写评论，一边还活跃在学术的战场里。学术研究和时事评论，需要不同的才具和技巧，在这两个领域里表现都很出色，确实不容易。

在取材方面，张五常的笔下包罗万象，无奇不有。他在大年除夕卖金桔的故事，广为人知。他曾比较大邓（邓小平）和小邓（邓丽君），名为“邓家天下”；他曾把做学问比喻为钓鱼，有的人在池子里钓小鱼，他自己却喜欢在海里钓大鱼。他多次提到，早在中国大陆开放门户之前，他就独排众议，预测中国会走向市场经济，后来的发展，果然不出他所料。无论如何，张五常的专业是经济学，可是他臧否置喙的，却早已超出经济学的范围。虽然他没有明讲，他的自我定位，其实是传统文化里的知识分子——以自己的知识智能，广抒己见，供社会大众参考。这和克鲁格曼的取舍，又是大相径庭。

克鲁格曼也谈政治问题，而且经常谈。他对小布什毫不留情地一路穷追猛打，路人皆知。不过，从“公司治理”（corporate governance）的角度来看，政府组织就是一个大型公司，而国家领导人就是公司总裁（首席执行官是较时髦的称呼）。因此，克鲁格曼论断小布什，并没有逾越他的专业。事实上，他的专栏里，绝大部分都是不折不扣的经济文章。

大致上来说，克鲁格曼关心的主题，主要是“美国经济”和“国际经济”这两大类。在亚洲金融危机之前，他就铁口直断：东南亚各国的金融体系里，通常有纠缠不清的人脉和金脉。通过人际关系撑起的繁荣，往往只是假象。后来果然爆发金融危机，克鲁格曼预言成真，一战成名。安然事件之后，克鲁格曼把重点转向美国经济。他不遗余力地指出，安然事件只是冰山的一角，没有爆发出来的，情况更糟。

他认为，这些问题的根源，主要和管理阶层的薪酬制度有关。1980年左右开始，为了提高工作诱因，首席执行官的薪水和公司的股价连动。具体的做法，就是让首席执行官享有优渥的股票选择权

(stock options)。结果，首席执行官们为了自身的利益，就以抢短线的方式炒高公司的股价。他们无所不用其极，采取欺蒙骗诈的做法，变成假股价真图利。数据显示，在1980年，美国大型企业首席执行官的薪水，是非主管劳工薪水的45倍；到了1995年，差距成为160倍；两年之后的1997年，是305倍；仅仅三年后，企业的获利并没有增加，但是差距已经扩大为458倍。似乎，在21世纪初，社会主义已经式微，但是在资本主义的天堂里，也还是有天使般的问题。这一波问题方兴未艾，克鲁格曼的专栏，显然会有源源不断的题材。

对于读者来说，看张五常和克鲁格曼的文章，是不太一样的阅读经验。张五常宣称，自己已多年不看书。但是年轻时，他可是下过苦功夫。而且，他才华横溢，人生经验又极其丰富奇特。因此，一旦发而为文，总有他特殊的张氏观点。虽然张氏观点和经济学没有必然的关系，读者感受到的，是一位“智者”以他的才情智慧刻画人生百态，还偶尔指引迷津。

相形之下，克鲁格曼笔下的天地，完全是一番不同的景象。至少到目前为止，克鲁格曼谨守专业，只议论经济以及经济所触及的问题。随着经济化和自由化的脚步，现代社会里经济力量的重要性与日俱增。美国刚好又是资本主义的长城，是世界经济活动的重心，也是引领风骚（不论好坏）的先驱。克鲁格曼身处其中，以冷静的眼光，锋利的笔杆，见证经济起伏的脉搏，并且褒贬是非。读者感受到的，是一位“识者”以他的专业学养，论断经济活动的意义和走向。

在现代社会里，张五常和克鲁格曼的专栏，提供给读者不同的养分。张五常的文章，满足了读者智识上的好奇；克鲁格曼的文章，则是添增一个现代公民对经济活动，乃至于大势所趋的了解。张五常和克鲁格曼的专栏文章，确实有重大的贡献。当然，他们的成就，也不禁令人好奇：在其他学科里，是不是也有他们的张五常和克鲁格曼？

透视“大历史”

《万历十五年》的作者黄仁宇，生平和经历非常特别。他于 1918 年出生，大学时读军校，正好遇上第二次世界大战和抗日战争。后来被派往美国读参谋大学，再转往日本担任武官。而后，因缘际会再前往美国，辗转完成博士学位，曾在纽约州立大学任教十余年。

在他的诸多著作里，《万历十五年》是最著名的一本。这本书雅俗共赏，既受到美国史学界的重视，被许多学校采用为教科书，也在译成中文出版之后，广受好评。1985 年发行后，一刷再刷，到 2004 年，已经是增订二版，第 45 刷。学院派笔下的作品，能有这种成果，本身就是值得肯定和推崇的成就。

《万历十五年》这本书的取材，也很特别。黄仁宇别出心裁，以 1587 年为焦点。这一年，是明万历登基十五年，那年他二十三岁。这有点像是黄仁宇拿着相机，在 1587 年按下快门，照了一张特大号的照片，然后再针对这张照片的某些部位放大再放大，之后，再以工笔细致的方式，描绘出这些局部的所有细节。

不过，虽然书名是《万历十五年》，他并不是描绘这一年明朝在政治、文化、社会等方面的情景。实际上，书中共有七章，每一章都是以某个人为主角。由万历皇帝而下，他以专章分别刻画宰相张居正等人。他的企图，显然是希望以这些人物为坐标，通过发生在这些主角身上的事，烘托出万历十五年，以及明朝兴颓的全景。

这本书有很多特色，反映了黄仁宇匠心独具：他广读各种史料，然后编织出引人入胜的故事。他文笔流畅，想象力丰富，人物场景、表情神态，都栩栩如生，如在眼前。更重要的，是他有一种浓厚的企图心，他希望借着这些人物、借着这一个平凡的年份，勾勒出一幅有意义的景象。而且，希望能萃取出历史的脉动，并且归纳出华人社会起伏的一些通则。不过，对于这本有趣而特别的史学论述，有些问题值得玩味。就理论和分析而言，有两个概念特别醒目：大历史、数字管理。而且，对于明代政治的性质，他特别强调“道德”的成分。

在书前的自序和书后的后记里，他都一再提到，这本书是属于“大历史”。前言一开始他就表明：《万历十五年》这本书，“虽说只叙述明末一个短时间的事迹，在设计上讲却属于‘大历史’（macro-history）的范畴。大历史与‘小历史’（micro-history）不同……不斤斤计较书中人物短时片面的贤愚得失。其重点在于将这些事迹与我们今日的处境互相印证。”在后记里，他又提到“我之所谓‘大历史’观，必须有国际性。我很希望以四海为家的精神，增进东方与西方的了解，化除成见”。

可是，这两段话似乎都不能为“大历史”作明确的界定。在他心目中，到底大历史的意义是什么？他言下之意似乎表示：大历史是不拘泥于个别事件的枝节，而是由宏观的角度，勾勒出历史的面貌，然后再由小处着手，以小见大。这种观点激发读者的想象力，展现史学家的视影和气魄，令人心向往之。然而，对于社会现象的分析，必须有更清楚、细致而严谨的逻辑。

任何一个社会现象，都是由人的行为所汇集而成。因此，在描述和分析社会现象时，有一个加总（aggregation）的过程。由最基本的组成单位（人、家庭、宗族、职业、区域等）开始，通过彼此的互动，再形成一个整体的图像。社会科学研究者的工作，就是描述和分析这个过程。

黄仁宇的做法，似乎是反其道而行。先在大的景观上确定方向，然后再找出材料，支持这个他所认定的“大历史”。就逻辑上来说，“个别——整体”（micro-to-macro）和“整体——个别”（macro-to-micro）彼此相通，由哪一个方向开始都可以。然而，在黄仁宇的书里，却没有厘清这种脉络。而且，对黄仁宇来说，也许“大历史”这个概念非常清晰。可是，对众多读者而言，这个概念想必很模糊。因此，也许读者会钦佩黄仁宇的器识，然而从他的书里，却不容易学到一种简单明确的、自己可以运用的分析技巧。

在书中，他也多次提到“数字管理”的概念。后记里，他认为：“中国立国向来以贫农及小自耕农的经济立场作基础，农村内部复杂的情形不可爬梳，所以要经过很多流血惨剧，才能造成可以在数字上管理的形势。”还有，他更明确地表示：“今日中国革命业已成功，全国已经能在数字上管理。”

似乎，他想以数字管理作为一个指针，来检验社会在某些方面的状态。数字管理，代表一种能力，具有数字管理能力的社会，就是一个现代的社会。可是，对于数字管理这个概念，他却似乎并没有详细解释。数字管理，指的是哪些条件、哪些事实？还有，他也没有进一步解释，哪些条件会导致数字管理？有了数字管理的能力，社会又会朝哪些方向发展？

而且，这种观点至少还有两点值得细究。一方面，数字管理是社会现象之一，可能和科技、政治经济制度等彼此联结，主导社会发展的，可能是科技（如工业革命）或其他的力量。把焦点放在数字管理上，很可能是倒果为因的做法。另一方面，在古今中外的历史上，很多时空里都有“数字管理”的能力——如果没有数字管理的能力，古埃及造不出金字塔，苏联也发射不了人造卫星和导弹。但是，可以说古埃及和苏联，就是文明社会吗？

除此之外，他也一再指出，明朝以道德治理国政。皇上不但以道德自律，同时以道德要求百官。中央对地方官吏的考核，不是以事实为考虑，而是以道德的语言来决定赏罚。譬如，“我们的帝国在体制上实施中央集权，其精神上的支柱为道德，管理的方法则依靠文牍”。还有，“技术上的争端，一经发展，就可以升级扩大而成道德问题，胜利者及失败者也就相应地被认为至善或至恶”。他指出道德在统治上的特殊地位，确实观察入微。对于了解明朝乃至于中华文化，都有重要的意义。可是，为什么会发展出以道德为量尺来治国呢？如果以道德治理，弊病丛生，那么替代方案又是什么？可惜，对于这些在理论和实务上都很重要的问题，他却没有处理。

无论是大历史还是数字管理，乃至于书中其他发人深省的见解，可能和黄仁宇的个人经验有关。军校毕业后，他在行伍间亲身经历基层的杂乱无章。在美国时，他曾以打工维生，曾因失业与家人一起度过艰辛的岁月。这些人生经历，多少会直接或间接地影响他的史学观点。

无论如何，《万历十五年》这本书提供了很丰富的材料。不过，这些材料应该只是起点。利用这些材料，可以思索一些影响华人社会兴衰的根本问题，更可以在琢磨分析社会现象时有较好的角度和方法。

琢磨

在香港城市大学客座时，除了正常的教学，我主动提出建议，愿意带一个读书会；每周讨论一本书，前后八周。经济暨金融系作了海报宣传，也补助买书费用的一半。后来，变成由陈顺源和我一起主持，参与的学生以英文、广东话或普通话发言都可以；不过，用广东话发表的意见，陈顺源听得懂，用英语回应。

《万历十五年》，就是讨论的书之一。这本书，我过去曾经翻过，没有细看。为了读书会，重头看一次，觉得材料饶有兴味（fascinating）；我认为，黄仁宇猎史很广，着眼也很别致；然而，他似乎尝试归纳出一个史学理论，却点到为止、差了临门一脚。如果他有机会接触到社会科学，同样的材料，成果可能大不相同。

关于张五常和克鲁格曼的文章，是应《时报文化》之邀，作为克鲁格曼一本书的导读。中国大陆《经济学家茶座》的主编詹小洪，当时正在汉城客座；他建议文章改名为“识者克鲁格曼，智者张五常”，我欣然而从。

第十章

执真理之手

专业伦理的孕育，是一段漫长的过程。而且，专业伦理，往往是在专业竞争的过程里，自然而然得到的副产品，而不是希望有就有、希望来就来的。

一个人能戴几顶帽子？

有一段时间，台湾媒体连续几天报道“两个女人的战争”——周玉蔻在她主持的节目里批评陈文茜，认为她不应该以立法委员的身份主持广播和电视节目。一阵论对之后，周玉蔻离开原来所属的电台，而电台老板赵少康表示：立法委员主持节目，并没有什么不妥！

这段曲折，只是台湾媒体连续剧中的一集，热闹几天，就被其他的剧情所取代。就像海上的浪花一样，虽然耀眼，一闪即逝。不过，两个女人的战争，其实和“专业化”有关，而对华人社会来说，这是步上现代化社会的必经之途。专业化的意义，值得细细斟酌……

最直接的问题，是民意代表可不可以主持电视或广播节目。在欧美地区，民意代表就是民意代表，卸任或落选之后，很可能会向媒体发展主持节目。但是，在担任民意代表期间，主持节目的情形却是绝无仅有。事实上，不只是主持节目，无论是律师、医师还是公司董事，或其他职业，民意代表都不得兼任。原因很简单，避免利益冲突。如果民意代表同时是律师，而委托人和政府打官司，民意代表可以通过质询、审预算或其他方式，对政府施压。这时候，律师和民意代表的角色，混淆不清，这种状态对律师这个行业、对民意代表、对社会大众而言，都不好。

如果民意代表不能当律师，当然也就不能当节目主持人。主持是一种职业，是由主持人的私利所驱动，而民意代表反映民众利益，是由选民的公意所节制。如果民意代表同时主持节目，到底是反映民意还是在追求本身的私利？

可是，专业化和分工，毕竟只是近几世纪的现象。在农业社会里，一个人可能同时是农夫、泥水匠、车夫、小贩，职业的划分很粗糙，人人身兼数职，没有人会计较。即使在现代社会，当我们捉襟见肘时，也不得不“校长兼撞钟”。因此，兼职和专业化的问题，未必像表面上那么简单。专业化的意义和曲折，显然隐含一些更深刻的思维……

关于专业化和专业伦理，在社会科学里有广泛的讨论。社会学里常见的解释之一，是“人”和“位置”（position）的区隔。工业革命之后，生产规模加大，市场的范围不断扩大，各式各样的组织也应运而生。在组织里，逐渐发展出各种职位。而各个职位，有各自的职责，占据这个职位的人，要发挥应有的功能。因此，重要的是一个职位和对应的职责，而不是刚好拥有这个职位的个人。譬如，这个星期到医院去看病，可能碰上一位内科医师；下个星期再去，可能是一位不同的内科医师。可是，无论是哪一位，他们都受过适当的医学训练，有相关的证书和执照。现代社会里，专业化的意义，就反映在一连串大大小小的职位以及这些职位所对应的职责上。

另外一种观点，是由人际网络的角度着眼。在农业社会里，因为流动性低，每个人都活在一张绵密的人际网络上，所有的关系，都是一种“个人化”的关系（personal relationships）。在家里，有父母兄弟姊妹；出了门，不是叔伯姨姑，就是他们的亲戚子女；再不然，就是街坊邻居、多年旧识。对于网络上的每一个点，都有个别、特殊、不同的关系，一个人在举止因应上，也就有微妙的差别。

现代社会里，每个人还是生活在网络里，可是这个网络的结构，已经和过去大不相同。家人亲戚，只占了其中一小部分，除此之外，还有生活里的朋友、工作上的同事。更重要的是，在这些个人关系之外，还有许许多多"非个人"的关系（impersonal relationships）。便利商店里的店员、邮局银行里的职员、餐厅和百货公司里的服务人员，都是不知名的陌生人。他们虽然不是朋友，却是生活里不可或缺的重要人物。专业化的意义，就反映在"人情"（personal）和"非人情"（impersonal）关系的消长上。农业社会里，几乎只有人情式的交往；现代工商业社会里，人情式交往的比重大幅下降。支持现代社会运作的，主要是各种非人情式的交往。

和社会学里的论对相比，经济学者对专业化的解释，要直截了当得多。一个简单的例子，足以说明梗概。小时候做游戏或是参加各种球类活动，总是有各种游戏规则。参加的人，既是球员又是裁判，由他们自己操作游戏规则。原因很简单，这些游戏只是游戏，请不起也没有必要找专业的裁判。专业的裁判，只有当胜负变得重要、得失够大时，才会出现。也就是说，只有当分工和专业化的好处大于成本时，才会出现专业化和分工。因此，家庭医师处理一切疑难杂症，不分内科、外科、妇产科、小儿科。大医院里，不只是分科，各科之下还有好几位医师，每个人专长不同。

另一方面，专业化和分工之后，等于是每个人头上只戴一顶帽子。只有一顶帽子，容易辨认，对自己和别人都好。如果头上的帽子可以换上换下，即使自己可以宣称、变换角色如反掌之易，但对于其他人，却不容易区隔。因此，每个人只戴一顶专业的帽子，降低大家的成本，在现代社会里，成本低大家均蒙其利。

无论由社会学还是经济学的角度，都可以对专业化进行合情合理的解释。然而，更深刻的问题，是专业化不只是一个过程、一种现象，而且隐含价值判断。符合专业伦理的举止，得到赞美和掌声；违反专业伦理的做法，受到谴责和排斥。可是，为什么呢？在市场里，不吸引消费者的产品，没有人买，厂商不赚钱，自然被淘汰，但是并不会受到道德上的臧否。违反专业伦理，却受到道德上的批评，为什么呢？

抽象来看，专业伦理和市场活动，都隐含一个价值体系。在市场里，能不能赚钱、能不能生存，本身就是衡量高下的尺度、就是赏罚的机制。这支量尺也许有点市侩，但是不带情感，也没有道德上的含义。相形之下，专业伦理，就是各行各业的游戏规则，要维持游戏规则，自然需要一种奖惩的机制。既然没有货币上的得失可以依恃，只好诉诸其他的机制。在道德上分出是非对错，在行为上分出高下良窳，目的就是要发挥筛选奖惩的作用。因此，对于市场竞争，经济学者可以宣称是价值中立，不涉及好坏高下，可一旦涉及专业伦理，必然要牵动价值体系。也就是说，专业伦理和价值中立，是两个彼此冲突的概念。

无论是市场竞争还是专业伦理，本质上都是一种游戏规则。对于华人社会而言，最深沉重要的问题之一，是如何发展出“法治”（rule of law）的传统。而法治，就是支持整个社会运作的游戏规则。这么看来，周玉蔻和陈文茜所引发的，当然就不只是两个女人之间的战争而已！

民粹与SSCI

民粹与SSCI（Social Sciences Citation Index），似乎是不相干的两件事。简单地说，民粹是以直接诉诸民意的方式，决定公共事务或其他价值；SSCI是有关社会科学的一个数据库。这两者除了都在台湾引起波折之外，彼此似乎不着边际。不过，通过民粹的现象和SSCI引发的争议，或许可以萃取出一些有意义的讯息……

SSCI是美国科学信息研究所推出的数据库，在世界各地以英文出版的社会科学刊物里，筛选出几千种的期刊，然后收录相关的索引数据。譬如，1980年发表的某一篇论文，引用了哪些论文，可以查SSCI；这篇1980年的论文，在1990到2000年间，又被哪些论文引用，也可以查SSCI。对于学术研究者而言，SSCI的索引数据很有帮助。

因为SSCI收录的期刊经过筛选，所以SSCI的数据往往也成了学术评比的参考。譬如，要比较台湾大学、北京大学、香港大学、新加坡国立大学在人文及社会科学方面的状况，除了师生人数、藏书册数、经费多少等之外，每年发表的SSCI论文数，确实有一定的参考价值。如果把层次提高，比较台湾、大陆、香港、新加坡每年发表的SSCI论文数，也“大致上”能了解这些地区在社会科学方面的生产力。

不过，一旦把层次降到个别学者，SSCI的意义就要大打折扣。因为，凡是书籍和其他语种发表的论文，都不在SSCI收录之列。更重要的，是SSCI只是很粗糙的指标，即使是都属于SSCI的两份期刊，在分量和影响力上，往往有很大的差别。各个领域里，排名第一的期刊，和排名第二百的期刊，虽然都出自 SSCI，相去却不可以道里计。因此，对个别学者的评量，必须用更精致的量尺。也就是由同领域里的学者，针对研究成果的内容，作专业判断。事实上，在学术重镇的学府里，因为有充分的自信，所以关于学术表现良窳的评比，几乎完全不依赖 SSCI。譬如，在某一个顶尖学府里，资深学者对一位年轻学者的评语是："他发表的论文太多。"言下之意，非常清楚。

还有，SSCI 收录期刊时有很多条件，其中之一是期刊通常需要已连续出版五年。因而，在很多专业领域里，新的期刊往往有质量很好的论文，而新的期刊却不一定会被收录在 SSCI 里。一个小史实，可以反映其中的曲折。众所周知，诺贝尔奖得主科斯是因为发表了两篇重要的论文而获奖。第一篇论文发表在 1937 年，刊载在英国《经济论丛》（*Economica*）的第 4 卷，是该杂志编目发行的第四年；第二篇论文发表在 1960 年，登在美国《法律经济学学报》（*Journal of Law and Economics*）的第 2 卷，该杂志在 1959 年才出版了第 1 卷。因此，如果当时有 SSCI，科斯的两篇论文都不会入榜。在台湾，往往要有 SSCI 的论文才能升等，所以如果科斯是在台湾，可能要当很久的助理教授。

民粹，是台湾近年来兴起而弥漫的一种风气，对公共政策有明显的影响。譬如，外资的设厂计划，已经完成环境影响评估而得到许可，可是民众公投之后，竟然否决原议。还有，已经完成法定程序而开工的核能厂，因为民众的反对而横生枝节、反复再三。率性、直接的民意，成了影响公共政策的主导力量。当然，在某种意义上，由民众直接表达意见而影响决策，理直气壮，而且符合民主的精神。不过，直接民意的好坏，显然要从较广泛的角度来评估，台湾十余年来的“校园民主”运动，可以说是表现民粹的具体事例。

大学的重要功能之一，是知识的创造和累积，校园里智识性的活动，已经不再是日常生活的柴米油盐酱醋茶。评估高下的尺度，是依赖各个专业领域所累积出的价值体系，这种尺度和流行音乐或畅销书的排行榜，有相通的地方，但是两者之间的差异更大。畅销书和流行音乐，主要是以“数量”定出高下，一人一票，票票等值；相反的，知识的筛选和累积，主要是以“质量”分出良窳，票票不等值。

这种对比，反映了智识活动的特质。在专业领域里，一个刚拿到博士学位的助理教授和一位著作等身的资深教授，在讨论和学术有关的议题时，讲话的分量“应该”不一样。在大学校园里，“专业”和“民主”是两个彼此冲突的概念，而且专业必须超越民主。科斯的两篇论文得到诺贝尔奖，不是经过世界各地的经济学者投票产生，而是得到经济学界顶尖精英的认可和推崇。因此，在大学校园里，以投票的方式选出各级学术主管，也许符合民主的精神，但是明显地斫伤了智识活动的专业价值。世界各地，似乎只有韩国和中国台湾地区，是以（直接）民主的方式，选出大学里的学术主管。而韩国和中国台湾地区刚好有共同的特点：一方面在经济上是新兴势力，另一方面在民主上也正处于萌芽起步的阶段。

在这两个社会里，从长期的威权体制解放出来的民众渴望当家做主。因为对现有体制怀疑和排斥，自然希望能扬弃所有的束缚、跨越一切的体制。再加上没有其他的体制可以依恃，只好诉诸民意，由民意自己来直接论断公共事务。因此，民粹的现象，其实反映了社会大众心理上压抑和蓄积已久的情怀。而校园民主，不过是这种情绪的具体表征而已。

抽象来看，以SSCI作为学术指标，在性质上也很类似。就是因为过去没有累积出足够的学术人口以及对应的专业价值体系，所以只好诉诸一套简单、明确、有某种客观性的指标。在SSCI收录的期刊里，没有高下之分，票票等值，这和校园民主以及直接民主，可以说异曲而同工。因此，在某种意义上，校园民主和对SSCI的重视同时在台湾出现，并不令人意外。

当然，比较深刻的问题，是SSCI和民粹都只是阶段性的特殊现象。在一个成熟的学术环境里，SSCI的运用空间有其限度，因为在成熟的学术环境里，有其他更精致的价值体系可以依恃。在一个成熟的民主社会里，民粹的现象也只是凤毛麟角，因为在成熟的民主社会里，有稳定健全、民众信赖的典章制度正常运作。那么，在过渡阶段里，如何培养精致的价值，能先和目前比较粗糙率直的价值竞争，而后各擅胜场乃至于取而代之？还有，在这个发展的轨迹里，如何加速蜕变的过程呢？这些问题，或许才是真正引人深思的关键所在。如果只停留在目前的批评和指责里，除了宣泄不满的情绪之外，等于是原地踏步，并没有往上提升、往前进展。

长远来看，民粹和SSCI，有点类似“创造性的毁灭”（creative destruction）。和过去相比，它们代表一种新的做法、新的理念；但和未来相比，它们倒有点像是生产的阵痛——经历了这个苦楚的过程，才可以迈向更充实美好的未来。

执真理之手?

台湾大学，不仅是台湾最负盛名的大学（至少到目前为止），在亚洲地区名列前茅，世界排名也保持在前一百名之内。21 世纪初，台湾大学要遴选新校长，当然备受瞩目。在被推荐参选的八位里，有一位是李嗣涔。李嗣涔是电机系的教授，曾担任过教务长。他最广为人知的事迹，是长期研究超能力，譬如“手指识字”——有些小朋友的感官还没有被污染蒙蔽，可以用手指触摸，读出放在密封袋子里的文字。

李嗣涔的研究成果，已经刊载在国际学术期刊上，然而对很多人来说，他的研究是“怪力乱神”。一次聚会时，谈到台大遴选校长，就曾有人发表意见。发表意见的是一位令人尊重的长者，学术地位崇高、曾领导过国际知名学府的杰出科学家。他言语含蓄、表达婉转，不过率直一点地说，他的意见就是：一位倡议怪力乱神的科学家，担任台大校长适合吗？

我告诉他，李嗣涔曾经传阅一枚金属钱币，上面有一个明显的小凹洞，这是他亲眼目睹一位特异功能人士，用念力“钻”出来的。长者问我：钻洞时你在场吗？我摇摇头，但是表示相信李嗣涔的学术和人格。长者不做声，可是眼神里的疑虑，并没有完全抹去。

事后想想，我觉得很有趣。两位都是受过严谨训练、出色的科学家，可是对于某些“理论”，却有迥然不同的看法。那么，谁是谁非呢？或是两位都对？都错？理论的是非对错，到底怎么样来判定？

在经济学文献里，最著名的主张之一，是诺贝尔奖得主弗里德曼的立场。他认为，检验一个模型（理论）的好坏，无须过于在乎假设是否真实。采用某些假设，只是为了便于理论推导。判断理论高下的尺度，是理论的预测能力。能准确预测的理论，就是好的理论。用白话文来说，就是“无论黑白，会抓老鼠的就是好猫”！

弗里德曼的立场，纲举目张，引领一代风骚。然而，这种以“实用”为导向的见解，也引发一场又一场的论战。另一位诺贝尔奖得主科斯，就曾经撰文，点名批判弗里德曼的立场。他认为，为了简化模型（理论），采取某些假设当然无可厚非。然而，判断一个理论的好坏，通常不是预测能力的高低。原因很简单，理论和现实之间，通常有一段距离，不一定容易作预测。还有，社会现象受诸多因素影响，提出某种理论的目的，往往是企图解释某种现象，而不是预测。

科斯认为，重要的是理论本身的逻辑是不是完整、有说服力，是不是能为多数经济学者所接受。而且，理论的重要功能之一，是“组织思维、帮助思维”（theory serves as a base for thinking）。也就是说，判断理论的好坏，重点在于“解释”，而不在于“预测”。显然，对于理论的性质，两位诺贝尔奖得主之间就有不同的看法。那么，孰是孰非呢？

理论的性质到底为何，经济学者之间看法不同。不过，对于判断理论的真伪，目前倒是众议佥同。一个理论，如果和实际数据扞格抵触，当然可以证明这个理论不成立。可是，如果这个理论得到实际数据的支持，却并不表示这个理论是对的，之所以得到支持，只是表示理论“没被推翻、被否定”而已。利用其他数据，说不定就否定了这个理论。因此，永远不能证明理论为真，最多是理论不被推翻。这是有名的“证伪论”（falsification test）——只能证明理论为伪，但永远无法证明为真。

在逻辑上，“证伪论”非常严谨，而且很有启发性。在学术研究上，这点体会确实很重要——要常提醒自己，手里并没有真理，只能一直试着把巨石推上斜坡，而心里知道永远推不到坡顶。可是，对市井小民、社会大众来说，“证伪论”的意义似乎很有限。一般人是过正常生活，而不是作学术研究，那么对普罗众生而言，“理论”的意义到底如何？也许，由一桩小事上，可以一窥端倪。

20 世纪 80 年代，张五常开始在香港《信报》写专栏。最早的文章之一，是关于大海里鱼群这种“共同资产”（common resources）。城邦出版集团总裁詹宏志读了之后，以“惊为天人”来形容。对詹宏志和一般读者而言，张五常一系列的文章，令人眼界大开。对于过去习以为常的现象，有了一个新的角度来“认知”和“理解”。这是智识上的冲击，也是一种心灵上很特别的享受。

仔细琢磨，张五常所介绍的，是经济学里的一个小理论。对詹宏志和众多读者而言，这个理论的好处不在于“预测”，而在于“理解”和“组织思维”。共有资源的概念，不仅适用于大海里的鱼群，也可以用来理解有关公园、博物馆、公共海滩、地铁、高速公路等种种。而且，抽象一点，还可以用来体会关于治安、民主代议、社会文化、风俗习惯等。通过一个小理论，可以以简驭繁、一以贯之地解释诸多社会现象，理论的好处多矣。

对绝大多数民众而言，无须利用这个小理论来预测。而且，即使碰上违反共有资源特性的情景，也可能不会由“证伪论”的角度，否定这个小理论。因此，对社会大众而言，理论的作用，是在面对环境时有助于理解眼前出现的人事物。除非有更好用、更有解释力的理论，否则会一直运用这个小理论——会抓老鼠的猫，就是好猫。

不过，“抓老鼠”指的不是预测，而主要是指解释和组织思维。弗里德曼和科斯的立场都对，只是对的程度有差别而已。

李嗣涔的“手指识字”和超能力的理论，以及学界长者“怪力乱神”的质疑，谁是谁非呢？对绝大多数人而言（包括我在内），其实都无法判断。然而，无论谁是谁非，“手指识字”和一般人隔得很远，无论真假，都和日常生活、衣食住行无关。因此，大部分的人觉得无可无不可，而这也正反映了理论对一般人的意义——有助于面对环境的，接纳利用；否则，无关紧要，暂时存疑。

李嗣涔会不会因为他的理论，而选不上台大校长？这不是理论，而是揣测，无论答案如何，对大多数人而言，可能都不特别重要！

琢磨

芝加哥大学经济学系，是举世公认的经济学界的翘楚。在这种环境里，怎么决定升等和去留呢？会不会是用SSCI论文数或某种积分制呢？据了解，每一个时代，系上都有一两位公认的翘楚，只要这一两位翘楚点头，就算数。这种做法看似人治，其实大有学问。

一方面，能在芝加哥大学经济学系任教，已经是业内的精英，精英里的翘楚，又是金字塔的巅峰。他们的好恶，反映的是专业领域里最受人尊重的判断。另一方面，一旦判断失误，芝加哥大学之外还有哈佛大学、斯坦福商学院等，只要当事人条件够好，因为学术的层级够厚、顶尖学府够多，自然会有其他识货的同侪。相形之下，在很多领域里，台湾的学术人口还不算多，和国际接轨的情形不理想，操作学术判断的尺度时，不容易得到稳定合理的结果。诉诸冷硬的 SSCI，希望只是短暂过渡时期的做法。

在专业上，一个人只戴一顶帽子，对自己对别人都好。对自己，容易表现；对别人，容易辨认臧否。要维持奖惩，也容易得多。然而，专业伦理的孕育，是一段漫长的过程。而且，专业伦理，往往是在专业竞争的过程里，自然而然得到的副产品，而不是希望有就有、希望来就来的。

第十一章

象牙塔里的象牙世界

在象牙塔里研究象牙问题，可能还是五谷不分。不过，存在着象牙塔本身，不就反映了已经沉淀和蓄积出某种可贵的价值吗？

水面下的冰山

史丹利·米尔格拉姆（Stanley Milgram），是美国著名的社会心理学者。有一天他和岳母聊天，岳母向他抱怨，说坐地铁时竟然没有人让座给她。他听了不做声，但是心里想：如果岳母开口，又会是什么景象？他这一转念，就揭开了社会心理学上有趣的一页。

上课时他提议，要研究生到地铁里去主动向别人要位子，看会发生什么事。一对研究生自愿，答应问20位不同的乘客，然后回报情况。没想到，学生只做了14次就做不下去了，原因是：要开口实在是太困难了。

他不相信，认为请别人让座不过是小事一桩，有什么了不得，于是他决定亲自上场。没想到，知易行难，一旦身历其境，才知道不是那么一回事。当他在地铁车厢里，面对坐着的乘客，他发现自己像结冻了一样，就是开不了口。一试不成，再试还是不成，几回之后，他不禁自责：连开口都不敢，自己到底是什么样的窝囊废？

终于，他勉强挤出几个字："对不起，我可不可以坐你的位子？"别人起身让座，他坐下之后，头低得不能再低，整个脸涨红发烫。事情过后，他静下心来，知道让座的事非同小可，虽小道必有可观。他把学生分成几组，每组两个人，负责14次实验。他们要以不同的方式，请地铁的乘客让座。最简单的，就是有礼貌地向坐着的人说：

“对不起，我可不可以坐你的位子？”

学生们纷纷表示异议，因为地铁里先到先坐、先占先赢是天经地义的事，在纽约，特别是布朗区，没有人向别人要位子，除非你想被捅一刀。米尔格拉姆好说歹说、晓以大义之后，学生勉强上阵。结果，和米尔格拉姆自己的经验一样，学生们觉得要开口极其困难。有人觉得胃里翻搅，几乎要呕吐；有人开口时脸色发白，好像要昏倒一样。经年月累之下，“谁到谁坐”已经成了大家奉行不逾的模式，向别人开口要位子，说有多奇怪就有多奇怪。然而，更奇怪的是，当学生开口之后，竟然有三分之二的人（68%）起身让座或挪出空位！

不过，换一种方式，结果就不太一样。当学生之一先向另一位学生问：“对不起，如果我向别人要座位，你觉得怎么样？”被问的学生一脸茫然，佯装不知情。开口的学生又说了一次，然后再转头向坐着的乘客开口，这种情况下让座起身的，降到一半以下（42%）。还有一种，开口的学生手里拿着一本小说，然后说：“对不起，我可不可以坐你的位子？我站着不好看书。”这时候，起身的人更少（38%）。

米尔格拉姆和学生，把实验写成论文，发表在学术期刊。这是几十年前的事了，后来，《纽约时报》的两位记者，又重做当年的实验。在纽约，特别是布朗区，先到先坐依然是规矩。不过，和当年的情况相近，问了15位乘客，有13位起身让座（86%）。

可是，为什么呢？既然先到先坐是你知我知他知的规矩，当有人违反游戏规则时，为什么还有这么多人纵容这些不识相的违规者呢？

分配地铁里的座位，其实有很多种方式。路途最远的先坐，或是年龄最大的、社会地位最高的、身体状况最不好的、最穷的、劳力负荷最大的先坐等，都有可能。安排座位的方式，就像一道宽广的光谱（spectrum），上面有无数的点，代表各种可能。然而，无论时空，无论中外，最后似乎都慢慢扬弃光谱上其他的点，而只集中在一点：先到先坐。最多，再辅以一两个小规则：先到先坐，但是妇孺或年纪大的乘客出现时，起身让座。

这种分配方式最大的好处，就是简单明确，操作起来容易。虽然没有见诸文字，可是大家心照不宣，而且认为理所当然。然而，既然是众议佥同的游戏规则，当有人违反时，为什么会有 68% 的人容忍配合呢？显然，表面上看来简单不过、平凡无奇的社会规范，底下其实大有学问。

因为大家都接受"先到先坐"，所以大部分乘客的脑海里并没有处理"有人要座位"的准备。可是在生活里，每一个人都有其他相似的经验：陌生人借个火、借过、借手机或问路。对于这些请求，一般人通常都会配合。因此，"帮别人的忙"，是多数人自许自持的小规则。

在地铁里，一旦面对突如其来的要求，原先坐着的人，援用的不是"先到先坐"的规则，而是"帮别人忙"的规则。可是，如果有一点喘息斟酌的空间，反应就可能不太一样。因此，当要座位的人先开口预告，或表示自己要看书时，起身让座的人就明显地减少。不过，无论是哪一种情形，开口要座位是前所未有的经验，因此，基于"帮别人忙"的规则，会有一些人起身让座。有了这一次的经验之后，下次再面对类似的请求，可能愿意让座的人会大幅减少，那时候，除了先到先坐的规则之外，已经有机会发展出对应的思维，处理"别人要座位"的情境。

最有趣的，是当开口要座位时，心理挣扎无依的情怀。只不过是开口要个座位，而且心里还清清楚楚知道只是个实验而已，为什么？

稍微琢磨或许就可以体会出，这其实是维持“先到先坐”的重要机制。对于经常坐地铁的人，每个人既是这个规则的受益者，也是受害者。有座位时，自己是受益者。即使眼前站着的人，看起来可能更需要座位，但是有了“先到先坐”这个规则的屏障，自己可以视而不见，继续坐着，心理上也没有罪恶感。相反的，当车厢里坐满了人，自己只好站着，这时候自己是受害者。即使身体再累，路途再远，有个座位多好，但是因为有“先到先坐”这个规则，所以根本不用开口，连脑海里都不用动念头。也就是说，既然自己可能坐可能站，有时受益有时受害，长远来看，维持这个规则，对自己对大家都好。所以，开口要座位，自己会觉得痛苦不堪，这种情绪结构，其实帮助维系了“先到先坐”的规则。

然而，最引人深思也令人心惊的，是经过长期的演化，生活中已经形成许许多多小规矩。只在光谱上固定的点活动，大家习以为常，也不假思索。一旦被撞离这个点，往往就举止失措，不知所从。金光党、邮电诈骗等是如此。

“祸兮，福之所倚；福兮，祸之所伏！”福祸之间的取舍到底如何，最好下次在地铁里找个好位子，不要让座，好好地想一想……

象牙塔里的象牙世界

象牙塔，通常意味着脱离现实、不食人间烟火、不知人间疾苦，肯定尊敬的成分少，调侃嘲讽的味道多。不过，在象牙塔里研究象牙问题，会不会好一些呢？

2000 年，两位经济学者迈克尔 · 罗伯特 · 克雷默（Michael Robert Kremer）和查尔斯 · 莫科姆（Charles Morcom），在著名的《美国经济论丛》（*American Economic Review*）发表论文，题目很简单，就是两个字“大象”（Elephants）。他们以数学模型，探讨政府该采取哪些策略，才能有效地保障大象这种保育类动物。

绝大部分的经济学者，都是在大学校园或是研究机构里任职。虽然这两种环境都是象牙塔，不过长久以来，经济学界一直就有反躬自省的传统。经济学者的论述，最好不要只是画饼，最好能切合实际。除了三不五时地回顾检讨之外，一份网络期刊在 2004 年问世，名为《经济论丛观察》（*Econ Journal Watch*），主旨就是针对专业经济期刊里的论述，臧否针砭一番——说这是一本专门找碴的期刊，大致上不错。

在这个期刊的第一卷第一期里，就有人对那篇关于大象的论文提出批评。迈克尔 · 迪 · 阿勒西（Michael De Alessi），在洛杉矶的一个研究单位任职，负责天然资源政策的研究。他的文章题目语带嘲讽——《象牙塔里对象牙买卖的斟酌》（*An Ivory-Tower Take on the Ivory Trade*）。他的质疑，主要有两部分：理论和实际。

阿勒西认为，原作者所提出的理论假设，在真实世界里根本不成立。两位作者假设：象牙买卖为合法、象群的栖息地有固定面积、象群们都在旷野里自由移动、保育大象唯有依赖政府措施。阿勒西认定：这些全是象牙塔里的想象。而且，根据原作者的模型，最后得到两种政策建议。首先，政府可以明白宣示，只要象群数目低于某一指标，政府会不计成本地缉捕偷猎者，如果政府言而有信，就可以产生吓阻效果。其次，政府本身可以囤积象牙，一旦象牙的价格开始扬升，政府就释出存货，压低价格。价格一旦降低，偷猎大象以截取象牙无利可图，就不会有人猎杀大象。

然而，阿勒西指出，政治现实，使政府不容易信守承诺、言出必行，对于许多非洲国家而言，更是如此。另一方面，在联合国的支持下，已经有许多个国家达成协议，禁止国际间的象牙交易。何况，即使黑市猖獗，各国政府也不可能囤积象牙，借着籴粜平稳市价。而且，两位作者最大的问题，是根本没能掌握问题的焦点。在非洲，过去一向是由政府主导，禁止猎杀大象。然而，法律的长臂有时而穷，政府管制通常意味着贪污舞弊。因此，政府的各种措施，效果一向不彰。还好，有些非洲南部的国家（如津巴布韦），已经把大象和栖息地划归给部落和小区。这种私有化（privatization）的做法，反而使当地人有诱因保育大象，以争取观光收入，结果成效非常显著。

面对阿勒西严苛的批评（前后有8页），作者之一克雷默的回应很短（两页半）。他强调，有些假设只是便于模型运算，无关宏旨。他们论文的重点所在，是过去的模型都假设象牙的价格不会受到价格预期（price expectations）的影响，他们指出这个缺失，并且提出较严谨的理论模型。

针对克雷默的响应，阿勒西再度提笔上阵。他觉得，经济学者不能在想象的世界里打转、自说自话。克雷默也再次简短响应，表示自己的论著，是登在学术期刊里的一篇文章，而不是一本书。如果是一本书，他会胪列所有关于保育大象的考虑，而期刊的一篇文章，重要的是有学术上的增值（value-added）。

关于大象保育，批评者和原作者的立场，可以简化成“具体政策”和“理论进展”这两点。那么，在公说公有理的情形之下，谁说的理比较有道理呢？如果向经济学者发问卷调查一下，相信大部分的学者会认为：在大象保育的实际做法上，批评者阿勒西的立场确实比较有道理。政府囤积象牙再释出平准，是标准的“黑板经济学”（blackboard economics），是做梦的材料，大概不会在真实世界里出现！

但是另一方面，相信大部分的经济学者也会认为：在学术研究上，克雷默言之有物。文章发表在《经济论丛观察》上，有以致之。也就是说，批评者和原作者，说得都有道理，两方面都对。针锋相对的双方都对，这似乎有点荒谬，其实不然。

就大象保育的具体做法而言，克雷默的论点脱离现实，毫无疑问。不过，克雷默的论文，是经过《经济论丛观察》的主编、助理编辑以及匿名评审的审核的，能成为主编、助理编辑和评审，都隐含着多年的学养以及业内公认的地位。他们在判断和取舍论文时，有许多考虑，但是其中最重要的一项，就是“和现有研究成果相比，这篇论文的贡献，是否和《经济论丛观察》里其他论文相当？”至于论文的观点是否合于现实，只是众多考虑因素之一而已。

因此，根据这种审查过程筛选出的文稿，完全符合“学术贡献”的要求，但却未必达到“政策建议有效”的标准。当然，接着而来的问题，是《经济论丛观察》的责任。身居经济学界引领风骚、执牛耳的地位，难道不该筛选出切合实际的论著吗？仔细想想，也未必。学术活动的游戏规则，是由参与的人逐渐雕塑而成的。当学术人口少、期刊数目不多时，可能大家都关心实际问题，论述也非常具体。当学术人口增加、期刊数目变多之后——世界各地以英文出版、收录在索引里的经济期刊，大概有四百种——自然慢慢形成区隔，各有所长。而且，因为重要讨论的空间变大，也逐渐承担了不辨菽麦的奢侈。

事实上，《经济论丛观察》的出现，正印证了这种发展趋势——经济学者这个专业，已经雄厚到足以支持一份期刊，专门用来挑毛病、找自己人的麻烦。通过这份期刊，经济学者能更周全深入地检验各种经济论述。至于其他期刊会不会从善如流，因此而调整筛选尺度，显然还是由操作筛选流程的人，也就是经济学者们自己来决定。

在象牙塔里研究象牙问题，可能还是五谷不分。不过，存在着象牙塔本身，不就反映了已经沉淀和蓄积出某种可贵的价值吗？

论赘文

赘词，是多余的词，舍去之后，不会影响文义或论述。以此类推，赘文就是多余的文章。对经济学者来说，也就是不值得写、写了等于白写、更不应该发表的论文。可是，这些都是模棱两可的字眼，能不能更精确地界定“赘文”呢？

戴维·N.拉班德（David N. Laband）和罗伯特·D.托利森（Robert D. Tollison）并没有用赘文这两个字，他们用的字眼是“干洞”（dry holes），而且定义非常明确：在期刊上发表的论文，如果五年之内没有被任何人引用，就是一个枯涸无水的“干洞”（枯井）。

他们探讨学术上的干洞，倒不是对干洞本身有兴趣，而是因为好奇和困惑。在21世纪初，经济学者已经奉行“出版或消逝”（publish or perish）的铁律，其他学科也大半如此。在研究机构里任职的经济学者，固然毋庸多言，他们的职责就是研究和发表。在大学校园里任教的经济学者，也面对同样的考验。持续发表论文，地位和待遇都往上提升；没有论作问世，当然就往下沉沦。

不过，当经济学者都汲汲于发表（生产？）论文时，至少引发两个问题：一方面，发表论文原本的目的是累积知识，增添智能的结晶，一旦变成加官晋爵的手段，会不会轻重颠倒，生产出一些可有可无的作品？另一方面，强调研究、鼓励论文发表，会促使经济学者投入可观的心力时间，相形之下，对教学的付出自然会受到影响。那么，权衡得失，研究和教学的比重应该如何呢？

对于第二个问题，两位作者并没有直接处理，但是针对第一个问题，他们收集资料，让证据来说话。他们选定1974年出版的73种经济期刊，以及1996年出版的91种经济期刊，然后追踪5年之后这些文章被引用的情形。1974年的73种期刊里，共刊载了2028篇论文，5年之后，有535篇论文（26.38%）的引用次数为零。1996年的91种期刊里，共发表了3717篇论文,5年之后，有976篇论文（26.26%）没有得到任何青睐。

按理说，期刊数增加（由73变为91），表示不只发表的园地增加，被引用的机会也增加，“干洞”的比例，应该下降才是。可是，不然。期刊增加、论文发表数增加、经济学者投入更多的时间心力在研究上，却没有得到更多的回响。社会的高级人才（即使不算精英）表现如此，不是很奇怪吗？

不过，经济学者的表现，最好能和其他学科里的研究者（生产者）对照比较，才能有比较周全的图像。两位作者引述另一位学者的研究，比较 11 种不同学科里“干洞”的比例。根据另外一套样本和另一种尺度，不同的学科之间，“干洞”的情形确实有很大的差异。物理学里，5 年内没有被引用的论文比例为 36%；艺术和人文科学里是 98%；社会科学整体而言是 75%。此外，两位作者也回顾历年来经济学界本身的变化。数据显示，对于研究和发表，经济学者投入的时间心力确实愈来愈多，过程也愈来愈严谨。譬如，1974 年时，一篇论文刊登之前，先在研讨会或学术会议露面报告的次数，平均只有 0.24 次；到了 1999 年，在不同场合报告的次数，已经增加到 4.73 次。还有，论文刊载时，作者通常会列举几个姓名，感谢同侪提供意见。在 1974 年，被感谢的人数，平均是 4.3 人；到 1999 年，已经变为 9.6 人。可以见得，论文在期刊露面之前，已经得到更多的曝光，也经过了更多相关学者的臧否。

因此，和几十年前相比，经济学者不但付出更多的时间心力，而且以更严谨的方式撰述论著。然而，根据两位作者的资料，由“干洞”比例不变的情形来看，吃力似乎没能讨好，有苦劳而没有功效。两位作者认为，他们最重要的体会，就是“研究人员和社会整体，对学术研究所投入的大量资源，可以说都是浪费虚耗。这些时间和心力，原来都可以投注在教育上”。这是很深刻的见解，语重而心长。

不过，存在不一定合理，存在一定有原因。对于研究和发表，经济学者（和其他学科的学者）之所以会投入更多的心力和时间，主要当然是升迁和待遇。而提供这些诱因的，又主要是大学之间的竞争。为了大学本身的排名，以及排名所隐含的声望、研究补助、校友捐款、新生素质等，大学之间的竞争愈来愈激烈。要争排名，当然要诉诸一些明确的指标。诺贝尔奖得主数、研究经费、期刊论文数等，就自然而然地成了众所瞩目、大家戮力以赴的目标。因此，在这个环环相扣的生态里，研究和发表只是一个环节而已。只要上层建筑（大学争排名）不变，下层活动（学者努力发表论文）就不会改弦更张，而“干洞”源源不绝而出，也当然顺理成章。

经济学界（以及其他领域）里的生态，想必不会因为这两位经济学者的论文，而产生太大的变化。不过，他们的论文倒隐含许多启示。首先，学术研究已经有千百年的历史，而对于“干洞”的研究，不过是近一二十年的事，这表示，学术研究的进展是一个漫长的过程。对学术研究本身的研究，才刚起步不久。而且，“干洞”的现象只是烘托学术研究的诸多面向之一，更广泛的意义，显然还需要很多后续的探讨。

其次，即使认定“干洞”不足取，要规划对应的措施以减少这种现象，也并不容易。毕竟，作者撰述时、审稿人评估时、编辑决定时，只能根据当时的信息作判断。谁知道5年之后，哪些文章会成为霄汉，哪些又是泥涂？即使知道一二流刊物里“干洞”少，三四流刊物里“干洞”多，在评断个别论文时，帮助也不大。

而且，即使“干洞”的比例逐年下降，大学对研究的重视，确实已经产生“排挤效果”（crowding out effect），教学的质量因而下降。事实上，许多学校已经采取因应措施。一种做法，是发展出“双轨制”（two-track system）。有些人以研究为主，有些人以教学为主，人尽其才，各擅胜场。另一种做法，是加强教学评鉴。要升等加薪，除了研究表现之外，教学也要达到一定的水平。有趣的是，采取具体措施以改善教学的，多半是那些研究已经上轨道的名校，行有余力，则以学文。

拉班德和托利森的论文，发表在2003年，而在2004年夏天，已经被另一篇论文所引用。而且是其他学者引用，不是他们自己。因此，他们至少可以松一口气，自己的论文不是“干涸”……

琢磨

一位经济学的讲座教授，在将退休时发表演讲，回顾他的研究生涯以及对经济学的体会和反省。他把经济学和物理放在一起，作了一番比较。在物理世界里，两个物体接近而碰撞，一定受到“物理定律”的支配。物理学家的责任，就是探讨相关的物理定律。

经济学者研究的对象，是人而不是物体，当两个人接近而交往时，和两个物体大不相同。两个物体，本身没有思维，也不会揣摩对方的思维再作出因应。相形之下，两个人本身都有思维，也都知道对方有思维，也都知道对方知道自己有思维。行为互动上，当然会被彼此影响，互相因应。那位经济学者表示，经济学所探讨的要比物理学复杂得多。因此，经济学的进展比不上物理学，有以致之。但是他又话锋一转，认为经济学者有一点小小的优势，就是能设身处地地揣摩行为者的心思。这点特色和趣味，是物理学者所不能及的。

当经济学者愈来愈多，经济学的历史愈来愈长，已逐渐发展出“经济学的经济学”（The Economics of Economics）——研究经济学者本身的行为。物理学里，也有一小群学者，研究物理的科学史。物理学者对本身行为的研究，可能要向经济学汲取养分，而不能依赖物理学。

第十二章

用水蛇通水管

价值，最终是由主观所认定。客观的价值，是指主观价值重叠的部分，而不是超越众人之外的独立存在。根据主观价值所发展出的典章制度，决定了价值的结构，因而进一步影响人的作为。

用水蛇通水管

“用长颈鹿来采椰子，用水蛇来通水管。”这是詹宏志一连串故事里的一小段，但是一叶知秋，他说的故事很好听，而且引人深思。

詹宏志大学时读的是经济，毕业后开始多彩多姿的事业。和很多企业家一样，他也经历过事业的起伏。而且，有些起伏是动见观瞻，举世瞩目。他首创网络报纸《明日报》，以网络新闻的方式，提供二十四小时的类似 CNN 的信息服务。因为相关条件还不成熟，最后以“未来再相会”的方式暂时终止。但是，因为理念颠覆传统，而且见诸行动，所以引起世界各地媒体的关注。

詹宏志做过很多事：报纸编辑、出版社企划、唱片公司总监、电影制片、杂志发行人、集团总裁。他领导的城邦集团发行几十种杂志，包括 *PCHome*、*Smart* 系列。还有十多家出版社，分别出版不同主题的书籍。

虽然他跨越了许多领域，担任过不同的职务，但如果要勾勒出他的特质，我认为有两点值得强调。一方面，他是一位富于创意的企业家。富于创意，是指他经常见人所未见；企业家，是指他勇于尝试，承担风险。另一方面，他也是一位理念的播种者和推广者，通过文字和演讲等方式，他一直试着把所见所思传递给一般社会大众。在华人世界里，同时具有这两种特质，而且在两方面都卓然有成的人，詹宏志是屈指可数的人士之一。

我因缘际会认识了詹宏志。根据他的说法，他是家兄的高中同学，所以无论我的作为如何，都无法改变他是我前辈的这项事实！虽然我和这位老前辈接触的机会不多，可是每次相聚都很有收获，而且事后总觉得该尊重知识产权，付给他几万块新台币才是！

最近一次碰面，是他应邀到香港城市大学演讲，而我刚好也在大学客座。在几个场合里，我又听到了许多有趣的故事。由这些故事里，也反映了他的人格特质……

其中之一，是他意外成为电影制片的经过。侯孝贤，现在已经是国际知名的导演。刚出道时，他拍了几部艺术电影，都叫好不叫座，看过的人都说好，但是看过的人并不多。少数道义相助、提供资金的亲朋好友，都有为别人两肋插刀，成为以邻为壑的切肤之痛。侯孝贤自己的景况，当然也很窘迫。事情的转机，是侯孝贤所拍的一部片子参加欧洲的影展时得奖。有几家欧美的片商，对影片有兴趣，并且表示愿意付一两万英镑买下放映权。虽然陆续有这些收入，可是片子还是赔钱，投资人还是很郁卒。

詹宏志知道来龙去脉之后，想了一阵子，然后拟出一套计划：在欧美国家里，都有一些专放艺术电影的戏院。因为是小众文化，所以每部电影由每一个国家的版权收入大概只能有一两万英镑。可是，如果在拍片之前就先和这些片商一一联系，先签下授权合同。那么算下来，大约总共可以得到两百万美金，而在台湾制片，大概只要一百万美金左右。所以，只要换种想法、换个操作方式，不但不会赔钱，而且稳赚不赔。在影片开拍时，就已经知道收入超过成本。

对于詹宏志的想法，电影界的人士都期期以为不可。一年多后，他终于说服主要的出资者，然后就是一连串脍炙人口、叫好又叫座的电影——《悲情城市》(1989)、《牯岭街少年杀人事件》(1991)等。现在，詹宏志所发展出来的做法，已经成为电影圈主要的运作模式之一。他的一念，改变了一个产业的游戏规则。

第二个例子，也有异曲同工之妙。台湾的杂志市场淘汰率很高，因此大家都知道:“如果你想害一个人，就劝他去办杂志。”大概很多人想害詹宏志，所以规划之下，他推出了一系列的杂志。可是，市场竞争激烈，许多杂志都是苟延残喘，一闪即逝。发行量1万份，会赔钱；如果是5万份，保证赚钱。因此，他所面对的问题，就是找出什么办法，能从1万份变成5万份？

在脑力激荡时，詹宏志福至心灵：由1万份变成5万份确实很困难，可是由10万份变成5万份非常容易。那么，为什么不换个发展的轨迹呢？这一念之间，又让他发展出一套新的营销策略。在推出关于个人理财的*Smart*月刊时，他在媒体上造势，提供各种优惠促销方案，而且一本厚几百页、印刷精美、内容丰富还有赠品的杂志，只卖新台币99元。结果，创刊号创下台湾杂志史的纪录，一本月刊一印再印，前后卖了十几万份。在某种意义上，他颠覆了“由奢入俭难，由俭入奢易”的传统智慧！

有趣的是，多年来詹宏志身体力行的创意作风，在21世纪初似乎正慢慢成为经济活动的主流之一。因为制造业持续地移往劳力低廉的地区，而在放弃传统制造业的地区释放出大量过剩的就业人口。这些人受过好的教育，但是又未必适合高科技产业，最好的发展方向，似乎就是投入“创意产业”(creativity industry)，以提供个人化、特殊化、服务性的产品为主。因此，詹宏志多年来的经验，刚好能发挥社会教育的功能，对个人、对公司，乃至于对社会国家，他的许多想法做法都有指引迷津、点石成金的作用。

在香港城市大学演讲时，他提到许多激发创意的例子，其中之一就是要小朋友想一想：牛马狗等都役于人，有没有其他的动物，可以成为人类的帮手？小朋友想出的答案，就包括“让长颈鹿采椰子，用水蛇通水管”！

詹宏志年富力强，虽然已经是德高望重的老前辈，可是还不到知天命，以他的所作所为，对于华人社会可望有深远的影响。他未来的走向，也令人有无比的好奇和期待！

多少柔情多少泪

从毕业开始到现在，我一直待在同一个环境工作，和环境里的人长期相处之后，多少有一些感触。刚开始，我对其中几位的印象非常好，认为他们有浓厚的正义感，对追求社会公平合理不遗余力。时间一久，我却慢慢察觉到，他们的公平正义往往扭曲褊狭，在冠冕堂皇的正义感之下，其实相当程度是个人利害的考虑。

可是，这是因为我和这些人长期生活工作在一起，对彼此的品行作为有巨细靡遗的资料；对于环境之外的人来说，这些人还是正义的化身、进步的动力！

自己觉得“认清楚”之后，刚开始不太能释怀：为什么其他人这么天真？为什么这些人行止的真相不能为大家所周知？时间一久，也许是因为麻木了，倒想得比较清楚：我自认为能了解这些人的底细，是因为和他们接触多，掌握的资料丰富翔实，而外人事不关己，看到的只多是浮光掠影，在看法上当然有一段落差。

抽象地想，这其实反映了一个很普遍的现象：一个人对于某一件事物的认知、观感、评价，往往受到他拥有信息多少的影响。而且，在认知、观感、评价时，所用的参考架构也经常会因为自己所处的情况，而有“见树不见林”或是“见林不见树”的缺憾。

由这角度看，大概可以在相当的程度上解释：为什么有些夫妻之间会冲突摩擦，甚至于分手仳离？

在所有的人际关系里，夫妻之间的交往可以说是最亲密的了。亲密指的是一起从事生活里的衣食住行，一起经历生命的喜怒哀乐。在紧密的交往里，当然会慢慢摸清楚彼此的性格，知道对方大大小小的优缺点。

经年累月的相处之后，虽然会培养出相当的默契，可是，夫妻毕竟是两个人，而两个人的好尚喜怒总有不同。因此，夫妻之间能一直水乳交融、浓情蜜意可以说是少之又少。长期共同生活的经验里，总不可避免地会有摩擦、勃溪。在冲突最尖锐的时刻，口出恶言之外，甚至会不约而同地兴起“何苦来哉，不如分手”的念头。

当这种情形出现时，大部分的人只是一时讲气话，说过就算了。可是，也有一小部分的人会上树上到顶，真的离婚卷铺盖走路。对于这一部分人（重修旧好里的某些夫妻）而言，离婚可能真的是比较好的选择。不过，在气头上作决定的意义，确实值得静下心来稍作斟酌……

气头上一刀两断的决定有可议之处，倒不在于选择了两个人分手的这个方向，而是“离婚”和“结婚”隐含的是两个差距很远的状态，中间包含着一段很不连续的断层：在婚姻关系里，夫妻两人在生活上、精神上会彼此支持、互相扶持，“你泥中有我，我泥中有你”意味的，是一个人事实上已经延伸到另外一个人的身上。和两个人分手之后要各自单独面对生活和生命，当然是天壤之别。因此，由“结婚”决定立刻要“离婚”，等于是由一个极端直接跳到另一个极端。

比较周到的做法，或许是彼此同意分手这个大方向，但是彼此也同意，一步步地经历由“结婚”到“离婚”这两个极端之间其他的状态：先由分房而居开始，然后是财务独立，如果有孩子的话，再来安排子女的养育责任，最后是分手。不论先后次序如何，渐进的调整方式，能让两个人仔细去感受婚姻关系的每一面向所蕴含的意义。就像和同事长期相处的观感会和一般外人的看法不同，处在婚姻关系里的人和不处在婚姻关系里的人，对于“没有婚姻关系”的判断也会很不一样。因此，由“有”到“没有”这一渐行渐远的做法，反而比较能琢磨出两个人对婚姻真正的想法，比较能做出无悔无怨的取舍！

如果由婚姻关系“往外慢慢走”比较好，那么相对的，向婚姻关系“往里慢慢走”是不是也比较好呢？

究天人之际?

《法律的经济分析》(*Economic Analysis of Law*)，是法学大师波斯纳的经典名著。在第一章里有这么一段叙述：“如果某种资源只有‘一种’用途，那么这种资源的成本为零。”第一章的内容，主要是介绍经济分析的重要概念，而这一段话，是他谈到“成本”时的神来之笔。

在这个斩钉截铁的句子之后，波斯纳用括号加了一问：你能想出原因是什么吗？

由成本的角度着眼，“机会成本”的观念已经渐渐为一般人所知：晚上有两个小时的空闲，可以看本小说，也可以和朋友摆龙门阵，两种用法都各有情趣，可是鱼与熊掌只能选其中之一。选了小说，被舍弃的就是摆龙门阵的机会。因此，看小说的机会成本，就是摆龙门阵；反之，相同。

由此可见，一种资源（时间、心力、物资等），通常有许多可能的用途。每种用途的价值不一，每个人的好恶又不相同，所以才会有各得其所的取舍。可是，如果某种资源只有一种用途，表示在所有其他的用途上都没有任何价值。既然放弃的机会价值为零，放在这种用途上的机会成本也就为零。

在现实社会里，要找到“单一用途”的资源还真不容易——母爱之所以伟大，是因为明明可以把心力时间花在自己的身上，而却选择了全部投注在子女的身上！

我曾想过一个譬喻，和波斯纳的例子有异曲同工之妙：佛教重要典籍《金刚经》里，两大核心观念之一是“离相无住”。人之所以有情绪起伏、心境变化，是因为耳闻目见，感受到外在不同的现象——不同的“相”。因此，如果能有意识地抚平这些不同的相，在心境上就如同水波不兴的水面。换种说法，离相无住，可以说是设法在意识和心情上“归零”！

我想到的例子，就是自助餐台上的各式餐点。如果一个人能说服自己，餐台上的各式餐点都是“一样的”，那么他选不选都无所谓。在这种情形下，经济学所强调的“选择”，显然失去意义。不过，如果各种餐点都是“一样的”，因此无须选择，那么是不是也表示既然没有选择的问题，“成本”的概念也消失不见了呢？这种考虑，确实有趣。在这个看似抽象、其实明确具体的问题上，也许正好可以厘清成本这个概念的微妙和曲折。

当餐台上的各式餐点都“一样”时，在众多的餐点之间选“哪一种”变得无关紧要。可是，选择的问题依然存在。这时候，要选一盘还是两盘还是更多呢？或者一盘都不选，因为“吃”与“不吃”之间也没有差别！

可是，吃与不吃，事实上已经是另外一个层次的选择。选择了“吃”，放弃的机会就是“不吃”，也就是“吃”的机会成本是“不吃”；反之，相同。而且，如果“吃”和“不吃”也没有差别，这就等于是在众多的餐盘里，有一个盘子里放了一张“不吃”的牌子。进一步延伸，如果吃与不吃没有差别，生与死呢？如果在某一个餐盘里放着一张“往生”的牌子，并且这时候对自己而言所有的餐点（包括“往生”）都还是一样的，那么吃与不吃无异，生与死雷同。

在这种境界上，万物之间的差别已经被齐一，生死之间的区分已经被弭平。修为到了这种境界，物我两忘、宠辱不惊、死生无异。难怪当释迦牟尼即将圆寂、弟子向他最后一次请益佛法的真谛时，佛陀只慢慢地举起一朵莲花，而向弟子不做声地微微一笑。不过，这可能还是后世弟子的想象，因为佛陀已经参透死生，所以当初对于这个最高层次问题的反应，很可能是视而不见、听而不闻、如如不动！

但是，万物归零，跨越死生，是不是就表示“没有成本”呢？不然。死的机会成本是生，生的机会成本是死。死和生无异，是表示两种状态的机会成本相同，两者一致。选哪一种，都好，或都不好。可是，这并不表示是“没有成本”，只不过是一种很特殊、很奇怪、很难捕捉、很难界定的成本罢了。

这么看来，波斯纳“单一用途”资源的例子，衬托出有多种用途资源的意义。而自助餐台的例子，推演到极致，则反映了价值最初的发轫处。

想一想，如果成本的概念只能用来解释一种现象，价值当然有限；可是如果成本的概念和其他的概念无分轩轾，我们可能就需要发展出其他不同的概念。显然，要探究成本的精微，需要承担不少心智上的成本！

琢磨

“相，由心生”，确实如此，换一种说法，就是价值最后是主观认定的。客观的价值，是指主观价值重叠的部分，而不是超越众人之外的独立存在。因此，即使是众议佥同的信念（譬如，民主比独裁好），最终的基础还是主观的认知。根据主观价值所发展出的典章制度，决定了价值的结构，因而进一步影响人的作为。

詹宏志的作为，反映了浓厚的“企业家精神”（entrepreneurial spirit）：同样的材料，由他重新组合，就呈现不同的面貌。面貌不同，市场上所得到掌声（钞票），可能就不大相同矣。还有，每一个人，通常都同时具有许多身份（子女、同事、朋友、师生、邻居等等），也遵循许多日积月累的习惯。以詹宏志为师，试着重新组合，也许每一个人都可以炒出一盘有新意、较好又叫座的佳肴！

第十三章

经济学始于佛法式微处

无论哪一种宗教，只要历史久、从者众，往往都已经发展出很精致深刻的思维。从自然科学和社会科学出发，都可以做学理智识上的探讨，添增对宗教教义的体会，丰富宗教的内涵。

经济学始于佛法式微处

几年前，我的老师、经济学界的一位大佬因病入院。他得了膀胱癌，决定开刀切除感染的部位。他一向与人为善，受人敬重爱戴，所以住院的消息一传出，前往探望的人很多。既然是癌症，又要动手术，而手术总有风险，所以老师的心情自然有起伏，随侍的家人更是惊惶。老师的朋友和学生们，有人好心地送了一些佛教书籍，希望能帮助病人排遣。

到医院去看老师时，在他床边的小柜子上，我发现有好几本佛学丛书。我看了之后二话不说，跑到医院旁的便利商店，买了两本《花花公子》，送给老师舒展心情。

当时的想法很简单：老师即将动手术，可能是生离死别。佛教书籍里，尽是宣扬人生有诸多苦难，最好能看破死生、挣脱苦难。可是，如果参透了生死，那么死生如一，怎么还会有求生的意志呢？看了《花花公子》，知道世界上还有很多美好的事物，而只有活着才能欣赏，也才会激发出斗志！

后来，老师的手术很成功，复原的情形非常好。有一次，在电梯里意外遇到老师，我问候他："听说老师退休之后，反而更忙，现在挂了多种头衔，一共领六份薪水！"老师听了，嘴角上浮现一抹慧黠的微笑，然后小声地说："不只！"这是多年前的往事，到现在为止，我还是不知道那两本《花花公子》，究竟发挥了多少作用。不过，最近再想起这一段曲折时，却有些新的联想和体会。

在佛教的典籍里，《金刚经》是公认很重要的一部。原因之一，是这部经典记载了佛祖圆寂前的开示。可以说是释迦牟尼对自己思想的回顾和总结，也就是佛教教义登峰造极的结晶。《金刚经》的内容，环绕着两个核心思维：离相无住、不住相布施。两点思维的交集，是“离相”，也就是“不住相”。以日常用语来说，这是指不执着于表象，不为眼前的现象所拘泥和困惑。或者换一种说法，就是在心境上能“归零”。因为眼前的人事物只是过眼烟云，而且美丑善恶是非对错，都是相对的，是人所赋予的。因此，人可以挣脱这些表象的羁绊，有意识地让自己的心境波纹不兴、心如止水。

无论是抹去自我、归零，还是心如止水，都是很难达到的境界。不过，对于由于某些经历而使人生巨变的人而言，却庶几近之。譬如，曾经身罹重病、在鬼门关前挣扎许久，终于救了回来的人；或者，家庭曾有重大变故，妻离子散、家徒四壁的人。因为心境上如同跌落万丈深渊，心情已如死灰，再回头看身边的小是小非、小利小害，自然可以淡然视之处之。曾经沧海难为水、登泰山而小天下，都是描述类似的心境变化。很多经历重大变故的人，看破红尘、遁入空门，也是同样的道理。

对于一般人而言，生活里的是非起伏，多半不是滔天巨浪，而只是潮汐般的升升降降。在心境上，也就不容易大彻大悟、返璞归真。不过，即使对大部分的凡夫俗子而言，《金刚经》的教义还是会有相当的启示：虽然外在的环境五颜六色、光怪陆离，然而自己心境的高低，终究是悬系于自己的认知。而认知，又是取决于自己的价值体系。因此，人总是可以试着说服自己，价值体系无须太过精致细密，钝化粗糙一些，反而比较从容豁达。即使在万丈红尘里，《金刚经》的智能还是有抚慰洗涤的功能。

还有，历史上除了屈指可数的高僧之外，对绝大多数的人而言，都不可能达到心如止水的境界。一旦离开那种境界，就表示有了“分别心”。心情不再是归零，万事万物之间，也有了相对高下、美丑、善恶、是非黑白等差别。一旦有了“分别”，才可能作选择，在认知上先辨认出差异，才能考虑怎么取舍比较好。而权衡选择取舍，正是经济学的重要课题。因此，达到佛法的最高境界，没有分别心，也就没有经济学的空间，一旦离开那种状态，就进入了经济学的领域——经济学，始于佛法式微处。

在智识上，这是一个极端的对比。佛法，意境高超绝妙，远离俗世和红尘；经济学，和买卖交易股票期货密不可分，整日在铜臭味里打转。一个脱俗，一个粗俗；一个全无算计，一个算计不断。然而，在这两者之间，却有一道自然而然的联结。而且，无论是对绝世高僧还是对一般民众，这个联结似乎都有一点启示。

在经济活动里，有难以数计的商品和价格，也有令人眼花缭乱的利率汇率等。表面上看，这些物品和数字，都再明确具体不过。可是追根究底，这些数量价格的基础，还是在于人的认知。人参鱼翅的价格，不是来自于这些材料的本身，而是由人所赋予支持。人内在的主观价值，决定了经济活动所呈现出的客观价格。只要人在主观上调整认知，即使达不到心如止水、归零的层次，也足以影响乃至于改变客观的价格体系。

不过，即使在个人的范围里，佛法和经济学有某种巧妙的联结，在个人的层次上，佛法和经济学的差别，却有天壤之分。佛法的世界里，个人可以自我修持，也可以度化他人。然而，无论如何都是局限在个人的行为上。在经济学里，却是不然。个人如何生产消费、择偶就业等，都只是经济学里很小的一部分。

经济学的主要内容，是探讨一个社会，如何由散沙般的个人，通过经济活动能正常运作乃至于成长发展。因此，在个人之上，有交换和分工，有群体组织，有典章制度。通过对这些活动的描述和分析，经济学希望能归纳出人际互动的脉动，而且希望对其能有帮助。和佛法对个人的教诲相比，经济学的企图和使命，显然要复杂困难得多。

老师手术出院后，我从来没有问过他：是佛学丛书帮他度过身心的考验，还是《花花公子》使他生机盎然？不过，无论答案如何，毕竟都只是个案，而不是通则。比较有趣的，倒是佛法和经济学之间的关联。也许，通过两者之间的对照，对彼此都会有较深刻的体会吧！

报应

一位成功的专栏作家，常接到各地读者的来信，请他指点迷津。他阅历丰富、心思缜密、悲天悯人，所以总是能针对问题，指引一二。不过，作家最近接到一封信，是一位小女孩的投书，赤子之心所提的问题，却令他踌躇再三，不知道该如何因应。小女孩的信，内容大致如下：

每个星期天上教堂时，牧师都告诉大家，要时时提醒自己，做个好人。因为，万能的上帝，总是在仔细地注视着每一个人。好人，会得到上帝的赏赐；恶人，会得到上帝的惩罚。可是，隔壁小男孩的爸爸，游手好闲、酗酒、赌博、打太太和小孩出气，对邻居恶脸相向。小男孩总是鼻青脸肿、衣衫褴褛，他家的庭院总是杂草丛生、满目疮痍。然而，为什么他做了这么多的坏事，却从来没有得到上帝的惩罚呢？

小女孩想知道：恶人没有得到报应，为什么？专栏作家苦思多日，终于脑中灵光一现，找到答案了。他特别在专栏里撰文，回应小女孩。他说，对于那个人，上帝其实已经惩罚他了。上帝让他成为“恶人”，一辈子受别人轻视，这就是对他最严厉的处罚！

这篇文章一出，立刻引起广泛的回响，媒体报章杂志，竞相转载这篇引人深思、令人折服的文章。虽然这位专栏作家的响应匠心独具，可是略为琢磨，其实也有可议之处。在一般人心目里，“好人好报，恶人恶报”，是指做了好事，会有好的果实；做了坏事，会得到对应的恶果。如果恶贯满盈的人为非作歹，而其他的人只能说“成为恶人，就是他的报应”，那不是很阿Q吗？不等于是另一种形式的精神胜利法吗？——一旦被别人欺负，就告诉自己：这是儿子打老子，老子不计较！

因此，虽然在某些方面，专栏作家的文章确实抚慰人心、振聋发聩，可由另外一种角度来看，却等于是在逃避问题、打太极拳。不过，在更抽象的层次上，那篇文章的巧思，却对罪与罚、奖和惩的问题注入新意。

在21世纪初，许多社会里都已经废除死刑，或者只针对很少数特定的罪行援用死刑——杀警察、叛国等。反对死刑的人，可以列举出一长串的理由：死刑不人道、未必能产生恫吓效果、万一误判无从挽回等。可是，赞成保留死刑的人，至少有一个平实可信的说辞：轻罪轻罚、重罪重罚，合情合理，如果废除死刑，最重的处罚，就是无期徒刑——断手断脚等肢体刑，早已被现代文明国家所扬弃。那么，如果一个正在服无期徒刑的人，在监狱里又杀了人，不论是杀了狱卒还是其他犯人，怎么办？

在没有死刑的国家里，无期徒刑已经是最重的惩罚，因此最多只能再来一个无期徒刑。可是，无期徒刑加无期徒刑，其实无关痛痒。所以，保留死刑等于是保留了一种最终的法宝（last resort）。对于服无期徒刑的人，至少还能有某种约束力。因此，虽然和其他刑罚相比，死刑的性质大不相同，可正是因为这种非常特别的性质，也许就值得作有限度的保留。

说来奇怪，这种在死刑和其他刑罚之间的特殊结构，也出现在奖赏上。许多职业赛里，第二名以下，奖金大概都是等比例减少。可是，在第一名和第二名之间，却往往有一个不成比例的大跳跃。这与死刑和无期徒刑之间的巨大鸿沟，简直就是异曲同工。可是，为什么呢？

最直截了当的解释，就是冠军争夺战最引人瞩目，想看的观众多，门票的价格高，自然能提供较优渥的奖金。或者倒过来看，正因为冠亚军的奖金差别大，才会引人注目，激发观众（和球员）的兴趣。可是，经济学家却提出不同的解释，他们以数学模型证明：从最初的淘汰赛开始，参赛者要一路过关斩将。所以，单单是“打进下一轮”这个目标，就足以激发斗志让球员全力以赴。可是，等到冠亚军赛，已经是最后一场比赛，无论输赢，都没有下一轮。为了维持球员同样的斗志，就必须以一个很特别的超级大奖来作为诱因！

因此，无论是奖还是罚，在最好最坏以及所有其余的之间，会有很不一样的做法。专栏作家给小女孩的答案——让他成为“坏人”，就是上帝给他最大的惩罚——虽然有点阿 Q，事实上却有理论和实际的支持。而且，进一步思索，这也反映出一种更深层的思维。

无论是赏还是罚，通常有两种方式：外在和内在。别人的赞美批评、上司决定的升迁降调、其他的奖金罚金等，都是外在的奖惩。另一方面，自己心里的得失、喜怒、挫折及肯定等，是内在的赏罚。两者之间有很多差别，其中最重要的之一，是身份上的差异。操作外在的奖惩，裁判和球员是不同的个体；操作内在的赏罚，裁判和球员是同一人。

当球员是球员、裁判是裁判时，双方各司其职，赏罚由裁判决定，球员接受结果。当球员和裁判是同一人时，自己决定对错，也同时提供和承担赏罚。球员和裁判分开时，专业程度较高，可是要耗用可观的资源——警察、检察官、法官，乃至于整个司法体系，都是在扮演专业裁判的角色，也都是由社会大众的税负来支持。

相反的，裁判和球员集于一身时，毋庸耗用外在的资源，自己心理上的喜悦和挫折，都是由自身提供和承担。当然，要集球员和裁判于一身，也不能无中生有。要有足以发挥作用的奖惩机制（也就是道德感），必须在孩童成长的过程中，慢慢地酝酿雕塑。父母、家庭、学校和社会所付出的心血，就是维持这个裁判球员“二合一”的体系所耗费的资源。至于这两种成本孰高孰低、孰好孰坏，显然是耐人寻味的好问题。

在某种意义上，专栏作家给小女孩的答案，就是把外在的奖惩转化为内在的奖惩。那位小女孩的邻居，可能不会受到任何外在（和内在）的惩罚，可是其他的人——小女孩、专栏作家的千万读者，却得到珍贵的启示：如果不自我提醒，也可能会受到同样的处罚。然而，令人好奇的，是这种内化的奖惩机制，究竟能负荷多少的重量？

狗、机械狗和小犬

“狗、机械狗和小犬，这三者之间，有何异同？”

这个学期，我教了一门“经济学概论”。通识教育的课程，两个学分。修课的同学，来自文理农工医学院，各年级都有。既然是通识，所以以沟通观念为主。而且，我希望能把经济学的思维，联结到同学的实际生活经验上。没想到，讨论到经济学对伦常关系的解释时，颇引发了一些争议。第一堂下课铃响，讨论正热烈，我灵机一动，要同学利用下课时间，想一想“狗、机械狗和小犬”之间的差别。

诺贝尔经济学奖得主施蒂格勒曾经表示：经济学者，最好把经济学弄得“客观、正确而有趣”（objective,accurate,and interesting）。我问的问题，自觉有趣，决定自问自答，希望答案客观而正确。

第一，三者之中，机器狗和狗，都是狗；小犬，是人而不是狗。不过，只有狗才是真的狗；机器狗和小犬一样，都是假的狗。然而，小犬和狗，身份不同，却都有生命、会拉屎；机器狗是机器，没有生命、不拉屎。显然，三者之间，确实有相同相异之处，细细琢磨其中曲折，似乎饶有兴味。

第二，依出现的先后次序，是先有小犬，再有狗，再有机器狗。

所以，小犬的底细，值得先琢磨清楚。人类发展的轨迹，大致上是由穴居、到渔猎、到游牧，最后是农作。在这个漫长的演化过程中，人所面临的考验，和其他动物相去不远：生存和繁衍。小犬，显然有助于达成这两个目标。而且，无论是渔猎游牧还是农作，人手愈多，表示劳动力愈多，当然愈好。还有，在和大自然搏斗的过程里，除了生产、消费和储蓄之外，还必须面对天灾人祸，因此，为了发挥保险的功能，最好是数代同堂、亲戚妯娌聚集而居。伦常关系血浓于水，小犬们和小小犬们很重要，真是有以致之。

更重要的是，为了巩固和强化伦常关系，最好能发展出一些配套措施，以为辅助。华人社会里，对家庭特别重视。父慈子孝兄友弟恭、父母在不远游、天下没有不是的父母等，都是世代累积出的传统智慧。这些观念，有助于雕塑和维持五伦和其他的伦常关系。

第三，农业社会进展为工商社会，经济活动的性质改变，所运用的工具当然也改弦更张。连带的，家庭里的伦常关系，也迥异于往昔。都会区里，无论男女，单身贵族愈来愈多。为什么呢？在传统农业社会里，夫妇为伴侣，生活起居、食衣住行育乐，都以彼此为伴。相形之下，现代都会区里，男女都有很多机会接触不同的朋友，因此慢慢的，他们发展出不同的“功能组合”（functional combinations）。考试，有一群朋友，一起准备考试；工作，有工作上的朋友，彼此交换信息；吃喝玩乐，有另一群对味的朋友，共度快乐时光。不同范围的活动，有不同的伴侣。都会区的条件，让“伴侣”的意义大异于过去，呈现了高度的专业化（specialization）和分工（division of labor）。

第四，伴侣的结构，既然可以重新组合，子女的意义，当然也可以与时俱进。农业社会里，小犬像是“资本财”（capital goods），平时帮助生产，老时随侍在侧。工商业社会，大部分的人受雇于人，工作上和子女无关。而且，平时有公保农保劳保，老时有退休养老金。大家庭所发挥保险的功能大幅萎缩，三代同堂式微，核心家庭变成常轨。小犬的性质，也由资本财而逐渐变为“消费品”（consumption goods）。两代一起，度过一段共同成长的快乐时光，然后彼此分道扬镳，各奔东西。

父母晚年，过去是由小犬们晨昏定省、承欢膝下，现在则是住在赡养中心，或由菲佣服侍左右。这是随处可见的事实，和价值判断或道德高下无关。子女是资本财，两代关系漫长持久；子女是消费品，两代关系短暂急促。两相对照，有点像“班主任老师”与“科任老师”或“代课老师”的差别。

第五，小犬由资本财转变为消费品，再进一步升华蒸发、消逝无踪。这个过程一气呵成，船过水无痕。根据一般父母们的经验，小犬们最可爱的年龄，是两岁到十二岁。两岁之前，哭闹不休，十二岁之后上了中学，又有一连串问题，令人心理和荷包都负担沉重。既然如此，要找个欢乐多麻烦少的消费品，为什么不去小犬而就狗。宠物狗，呼之即来，挥之即去，可以一直抱在怀里，又不会有青春叛逆、求学就业、结婚生子的问题。

对很多人来说，宁愿有宠物狗，而不愿意有小犬——受不了宠物狗，可以送走了事，而受不了小犬，可塞不回娘胎。宠物狗享受的待遇，也令人赞叹羡慕。发达国家里的猫狗，要比第三世界里的人过得好。不过，与其说这是发达国家的堕落，不如说是第三世界国家里政客们的罪恶。政客们有上千双华丽高贵的鞋子，而老百姓却过着猫狗不如的日子。

第六，和小犬相比，宠物狗确实有许多可取之处。而且，狗本身的变化，进一步呼应了人对“工具”的掌握和剪裁。古早时，狗参与觅食狩猎；而后，狗能牧羊、救人、导盲、看家、缉毒，不一而足。现在，绝大多数狗的任务，是当个好的宠物。因此，狗的身材性情、体能模样，已经和渔猎游牧时代大不相同矣。

第七，宠物狗，好则好矣，可是在功能上，还是差强人意。不但需要吃喝拉撒睡，而且有生物时钟的限制，毕竟不能二十四小时服务、全年无休。相形之下，机器狗随时待命，不闹情绪，该撒娇的时候一定撒娇，不该开口的时候绝对闭嘴。更何况，老狗学不了新把戏，能讨主人欢心的伎俩，变来变去就是那几招。机器狗则不然，弹指之间就可以展现十八般武艺或更多。而且，换个芯片，要什么狗有什么狗，要什么把戏有什么把戏。第一二三四代的机器狗，可能不甚了了，然而随着科技的进展，机器狗的未来不可小看，机器狗的产值，可能很快就会追上甚至超过宠物狗的产值。

综合以上的分析，狗、机械狗和小犬这三者之间，确实有许多相同相异之处。而且，无论是真狗假狗、具体的狗还是抽象的狗，狗儿们其实都是以“人”为中心，绕着“人”打转！

问题有趣，答案是不是客观和正确，可就要和现实相印证。然而，把狗、机器狗和小犬合论，是不是人畜不分、违反道德？关于这个问题，要先界定什么是道德。关于道德，不妨更广泛地考虑下面这个问题：“宗教、道德和法律”，这三者之间，有何异同？

琢磨

我对《金刚经》的琢磨，纯粹是基于智识上的好奇。没有肉体修为的经验，也没有宗教情怀的好恶。依我浅见，无论哪一种宗教，只要历史久、从者众，往往都已经发展出很精致深刻的思维。从自然科学和社会科学出发，都可以做学理智识上的探讨，添增对宗教教义的体会，丰富宗教的内涵。可惜，有些人直接间接地对我表示，佛教经典和教义自成体系，不应该由世俗的角度分析，更不用说是俗了又俗的经济学。

《报应》这篇文章，是希望处理人内化的奖惩机制，操作这个机制时，每个人都是球员兼裁判。这是到目前为止，我所想到最平实的描述。可是，还是觉得意犹未尽，似乎还没有得其精髓。内在奖惩机制（道德感、价值观）的性质如何，还有待进一步琢磨。

"三犬论"这篇文章，反映了经济学对伦常关系的分析。在华人社会里，伦常关系的变化速度很快。社会科学研究者的责任，似乎不在于臧否是非，而是尝试提出解释。

第十四章

道德情操论

抽象来看，道德和法律都是“游戏规则”。在法治不上轨道的社会里，只好多依赖道德。可是，在法治很上轨道的社会里，道德的重要性是不是就自然而然地式微了呢？在成熟稳定的社会里，道德和法律这两者之间的比重和组合，到底是如何呢？

买路钱的曲折——道德情操论之一

几年前在教大学部的财政学时，我曾经在课堂上讨论过一个问题：台北市某些快车道上立着告示："行人穿越快车道，罚新台币 360 元。"如果有人大摇大摆地穿越快车道，再大摇大摆地从口袋拿出 360 元准备缴罚款。那么，他是不是一个守法的公民？——因为他完全依《道路交通管理处罚条例》的规定，缴钱配合！

我以为问题很简单，没想到却引发了很热切的讨论。后来有机会在警政署上课，又对身负执法重责的高级警官提出这个问题，接下来讨论的场面，只能用火爆和激烈来形容。

我的观点其实直截了当：闯越快车道的行人，只是选择了一种"比较贵"的方式过马路。他依法缴罚款，当然是守法的好公民；如果他拒缴罚金又拒捕抵制执法，甚至再拿起武器来挑战司法程序，他才是"不守法"！当然，这种论点和一般人的想法有点距离，所以总是会有一些质疑。最常见的挑战，是率直地反问：如果缴钱就可以闯越快车道，是不是表示有钱人就可以不受法律的束缚？

这种质疑说来振振有词，而且似乎会激起一般人同仇敌忾的情怀。但稍稍思索，就知道这种质疑禁不起事实的考验。

法律所界定的处罚，由轻到重可以看成是一道光谱。在比较轻的这一头，处罚主要的作用是事后的"罚"而不是事前的"禁"。在比较重的那一头，刚好相反，处罚的作用主要是在事前的“禁”而不是事后的“罚”。因此，随地吐痰罚新台币几百元；驾车闯红灯，罚上万元。由罚款的相对大小，就可以看出“罚”和“禁”的差别。

可是，和生活里食衣住行等其他领域一样，钱多的人受到的束缚较小。即使是以“禁”为目标的处罚，只要处罚是金钱，也限制不了钞票够多的人。这是以金钱为游戏规则的自然结果，除非改变游戏规则（譬如，吐痰和闯红灯都坐牢），否则罚款再高，还是有类似的趋势。关于“买路钱”的曲折，最好从比较广泛的角度着眼，或许才能有比较完整的掌握……“买路钱”，当然是新生事物。过去行人穿越快车道，可能被值勤警察斥责，甚至被罚参加交通安全讲习，但是不需要缴罚款。在那种情形下，行人穿越快车道的价格为零，这反映了交通顺畅的价值并不高，所以行人穿越快车道造成的困扰并不大。

当汽车愈来愈多，维持车流顺畅的价值水涨船高，这时候就值得采取较严格的手段，阻遏行人穿越快车道。“买路钱”的价格由零变成 360 元，正衬托了交通秩序价值的上升。当行车秩序的重要性进一步增加，而 360 元还有所不足时，买路钱可能必须提高到 720 元或更高！因此，由“买路钱”价格的变化，可以烘托出在都会区里的某些路段上，保持车流顺畅愈来愈重要——愈重要的价值，自然需要愈精致凝重的工具来支持。

当然，对大多数的人而言，不穿越快车道的原因，并不是缴不起 360 元。人们不这么做，多半是认为穿越快车道是“错的”“不该做的”。也就是，人们不是以金钱上价格的高低来取舍，而是以道德上是非的界限来自处。由此也可见，大多数人的行为，不是直接受到法律条文本身的约束，而是间接地受法律所散发出的道德光环所影响。不过，这也正意味着，当道德的光环还有所不足时，就必须借着充填法律的内涵——买路钱由零变为 360 元——来达到预期的目标。

由另一方面看，和一般民众相对的是执法人员。当交通警察看到有人想穿越快车道时，通常会吹哨制止或高声喝阻。而且在心理上，执法人员会自然而然地认定，这个行人的行为是错的。如果看到这个人无动于衷继续穿越快车道，又从口袋里掏出 360 元，交通警察心底很可能冒起一把无名火。因此，和民众一样，执法人员也是从道德是非的角度操作法律。但是，稍稍深究一下就可以发现：法律本身，其实并没有赋予执法人员“道德谴责”的权力。执法人员的道德情怀，纯粹是降低自己行为成本的机制而已。所以，执法人员以实现公平正义自居的道德感，虽然事出有因，而且积习已久，但是其实是于法无据！

这么看来，执法人员的自我定位，可以逐渐褪去“作之君，作之师”的色彩，而慢慢成为球赛中的裁判。裁判，目的是维持球赛正常进行，因此，对于违规的球员，只是以对应的处分处理。裁判的立场是中立的，态度是中性的，并不对球员的作为作价值判断，或赋予道德上的内涵！

以道德来操作法律，虽然成本较低，但本质上比较原始粗糙。当社会愈益多元，人的自主性日益提升，也许 360 元“可以”只是买路钱而已……

嘿嘿嘿，何不食肉糜？——道德情操论之二

如果有人认为马英九和吕秀莲在很多方面相像，相信很多人会认定，这个人要不是判断有问题，就是弱视。可是，真的是如此吗？

在马英九和吕秀莲两人之间，当然有很多显著的差异。譬如，他们两人一位是男性、一位是女性——至少到目前为止是如此；一位常用化妆品，一位不常用（我怀疑）；一位在市府路一号上班，一位在凯达格兰大道底吹冷气；一位常常穿泳裤亮相，一位到现在为止还没这么做过；一位有美满的婚姻，一位选择大姑独处……

不过，虽然有这许多差别，他们其实有很多共同点。譬如，他们大学时都读法律，都曾到美国哈佛大学读书，都热衷政治活动，都想取陈水扁而代之。而且，他们都是牢友——吕秀莲为高雄事件坐过牢，马英九长年坐“心牢”。他一路走来始终如一，一心想登上大位。

当然，他们还有另外一个共同点：他们都有一个以上的爱慕者！就吕秀莲而言，前有董念台以礼车车队送鲜花的壮举，后有汤尼陈以高速公路旁广告牌示爱的义行。相形之下，马英九虽然号称是万人迷，但是“马痴”们却似乎只是喊喊口号而已，没有见诸行动。由此可见，虽然马英九和吕秀莲之间有很多差异，但是两个人也确实有很多共同点，不是吗？不过，以上所列举的相异相同之处，都是茶余饭后磨牙时的消遣而已。以下所要论证的，才是他们言行举止里值得令人深思的地方。

先从吕秀莲开始。2002年2月起，台湾开始发行乐透彩票。虽

然在其他国家和地区，彩票早就司空见惯，但是因为彩金的金额高、玩法新，所以一时风起云涌、蔚为风潮。台湾人口不过2300万左右，可是每期彩票的销售额，都超过这个数字。

这股热潮，让很多人觉得意外。彩票发行量超过人口数，境外媒体也大幅报道。这当然有点令人难为情，就像把台湾"立法院"打架的镜头放在《体育新闻》里播出一样。不过，虽然乐透在台湾造成旋风，大家还是以平常心来面对。没有想到，吕秀莲却正义凛然地，臧否乐透风潮是台湾"道德的泥石流"！泥石流，指的是山坡地没有做好水土保持，一旦雨势稍大，土石成流滚滚而下，淹没房舍造成家破人亡。可是，彩票是经过立法程序依法发行，民众依法购买，和道德有什么关系，和泥石流又有什么关系？

试想，吕秀莲坐拥高薪，出入有轿车司机代步，无须买彩票就有优渥的生活。一般民众，无论是基于任何理由，花钱买希望，又间接支持公益，有什么不对？为什么要接受吕秀莲的道德谴责？追根究底，吕秀莲的态度，就是"何不食肉糜？"——小老百姓们安分守己不是很好吗？为什么要有非分之想呢？因此，"道德泥石流"的说法，大有可议之处，不是吗？

相形之下，马英九也不遑多让。因为色情行业引发警察风纪问题，马英九在震怒之际宣布"一个月之内把色情赶出台北市"！对于恶名昭彰的日本买春客，马英九更义正词严地表示："来一个抓一个，来两个抓一双！"经过一段时间浩浩荡荡的扫荡，色情暂时沉寂。但是，明目张胆的色情固然销迹，高档隐秘的交易依然存在。事实上，五分钟热度过后，旧态复萌。和"把色情赶出住宅区"相比，"把色情赶出台北市"的口号和做法，可以说是一个不甚好笑的笑话！

更令人困惑的，是这种不切实际的口号和做法是由马英九而来。

马英九的目标和心愿，路人皆知，以他的能力操守和资历，他确实是稳扎稳打地向目标迈进。他不闹绯闻、无不良嗜好、努力工作，几乎是完人。但是，马英九的优点，也正是他的缺点。因为他心系大位，所以一路小心翼翼，避免有任何瑕疵。“不犯错”，似乎变成最高指导原则。可是，这是因为他有异于常人的渴望，希望能攫取那个令人垂涎的大奖，为了这个逐星之路，他可以刻意压抑一般人的七情六欲。苏轼在《贾谊论》里说得好：“夫君子之所取者远，则必有所待；所就者大，则必有所忍。”

然而，一般人不是“所取者远”“所就者大”，不想登大位，在言行上何必要谨言慎行、衣不沾尘。灯红酒绿的生活，是任何现代大都市（除了伊斯兰教世界之外）不可缺的一部分，而色情和灯红酒绿，其实只有一线之隔。因此，马英九以本身的洁净无疵，去找一般人的麻烦，看起来似乎正气凛然、令人肃然起敬。其实，本质上还是“何不食肉糜？”——小老百姓们安分守己不是很好吗？为什么不像我一样每天晨泳慢跑？为什么一定要灯红酒绿？和吕秀莲“道德泥石流”的说法一样，马英九“把色情赶出台北市”的主张，大有可议之处，不是吗？

在很多层意义上，马英九和吕秀莲都是台湾社会的精英。他们的作为和思维，会相当程度地影响其他人。以他们的自我期许，但愿他们不是“位置决定思维”，而是“思维决定位置”，不是吗？

法律的轨迹——道德情操论之三

对于鲁滨孙的故事，经济学者往往津津乐道。在鲁滨孙的世界里，有生产、消费和储蓄的问题，当星期五出现之后，就可以处理交换、分工和专业化的课题。因此，利用鲁滨孙和星期五，重要的经济学概念，几乎都可以一一阐明。

其实，不只是经济学者情有独钟，对法律学者来说，鲁滨孙的故事也含有许多启示……

当鲁滨孙一个人过日子时，为了生存他要捕鱼打猎。在这种情形下，除了维持健康之外，养成勤劳和节俭这些好习惯，是非常重要的。对他来说，早起的鸟才有虫子吃，凡辛勤播种必欢欣收割，而为了雕塑勤劳节俭这些特质，他会自然而然地发展出一些配套措施。

譬如，如果因为自己偷懒，该捉到的兔子没捉到，那么他会有懊恼悔恨的情怀。如果因为多花了些心力预为之计，暴风雨来时他的小屋安然无恙，那么他会有喜悦自许的感受。这些喜怒哀乐上的起伏，等于是支持了勤劳节俭的习性。因此，精确地说，在鲁滨孙一个人的世界里，也会有勤劳节俭吃苦耐劳这些“道德”。道德，不是来自于四书五经的教诲或圣人哲王的开示，而是来自于物竞天择、适者生存的压力！

星期五出现之后，两个人的世界变得多彩多姿，但是也出现了一些新的问题。两个人可以合作分工而互惠，可是如果有人赖皮摸鱼呢？还有，两个人相处，不可避免地会有摩擦争执，怎么办呢？经过摸索试炼、尝试错误，两个人会渐渐雕塑出私领域和公领域的范围，然后慢慢找出能够和平共存的相处之道。更精确地说，一方面每个人会自我设限，尊重另外那个人的活动空间。譬如，别人睡觉时，自己动作轻些。另一方面，两个人会共同遵守一些游戏规则。譬如，迎面而来时，走路靠左走。

虽然这两者不容易明确划分，但是在轮廓上还是大致清楚：由每个人自己来操作的，是道德；由两个人共同运作的，是规则（法律）。法律，不是来自于司法女神的指引，而是来自于人际相处时的实际需要！对经济学者来说，星期五出现之后，经济学的故事很快就将结束。可是，对法律学者来说，星期五出现之后，法律的故事才刚刚开始……

虽然在鲁滨孙和星期五的世界里，也有游戏规则，可是这套游戏规则非常简单，而且是由这两个人自己来操作。鲁滨孙和星期五，既是球员，又是裁判。当社会上有成千上万个鲁滨孙和星期五的时候，才会有专任的裁判——因为资源够多，才负担得了专业的警察、法官和其他的执法人员。而且，在这种社会里，道德和法律的关系，又演变为另外一种模样。

在一个正常的社会里，道德和法律等于两种工具，可以用来处理各种人际相处时逾矩的行为。不过，聪明的人（现代的鲁滨孙和星期五们），已经悄悄地赋予道德和法律不同的任务。

简单地说，对于所有的“小是小非”，法律不处理，而由道德来承担责任。譬如，约好晚上八点在电影院门口碰面一起看电影，结果等到九点半还不见人影。或者，在闹市区里被高跟鞋踩到，痛得龇牙咧嘴。这些都是小是小非，由道德来处理，法律不管。法律不管的原因有两点：首先，是显而易见的理由——如果这些鸡毛蒜皮的小是小非，都要由法律来处理，成本太高。其次，小是小非由当事人处理，效果最好。因此，由被放鸽子的人和被高跟鞋踩到的人发出道德谴责，要比由法官递出判决来得有效。

对于“中是中非”，法律和道德都发挥作用、互通有无。譬如，欺骗别人的金钱、感情、信任，或超速撞伤行人，或以暴力加诸亲戚朋友乃至于陌生人，不但为道德所不容，同时也为法律所不许。这是因为“中是中非”所牵涉的得失比较大，所以道德的力量有时而穷，必须依赖法律的支持。相反的，有道德力量的约束，也可以减轻法律的负荷。因此，每一个人都像是兼职的警察、法官，发挥了一部分纠举、裁决、惩罚的功能——“千夫所指，无病而死”，其实有正面的意义！

对于“大是大非”，道德帮不上忙，只能靠法律。原因很清楚，因为大是大非牵涉的利益很可观，道德已经无济于事，只能求助于法律。譬如，上市公司的财务报表，攸关巨额的金钱和许多人的权益。这时候，道德的作用很小，而不得不依恃法律。

因此，道德和法律，可以看成是两条上下平行的光谱，而且各有左右两段。道德的光谱，左半段处理小是小非，右半段处理中是中非；法律的光谱，左半段处理中是中非，右半段处理大是大非。两条光谱重叠的部分是交集，也就是处理中是中非的部分。

“以是非的大小来分辨法律和道德，很有启发性。”这是哈佛大学法学院的讲座教授史蒂文·沙维尔（Steven Shavell）在就任美国法律经济学会会长而发表演讲时，所提出的见解。加上鲁滨孙和星期五的故事，刚好可以完整地描述法律和道德的演变过程。

当然，在一篇演讲词里，所能处理的问题很有限，还有很多有趣的问题，值得作进一步的思索。譬如，两道光谱的宽度，如何演化？两道光谱的交集，又是如何变迁？

琢磨

抽象来看，道德和法律都是“游戏规则”。差别之一，是道德由每个人自己来操作，而法律则是由司法体系来操作。由自己来操作，表示自己既是球员又是裁判，自己奖惩自己，就是借着荣誉感和罪恶感等情操作为手段。可见得，道德本身，也有分析讨论的空间。对于道德的性质了解得愈透彻，就愈知道这种游戏规则的长处以及局限所在。在考虑公共政策时，也就愈能深入而平实。

在法治不上轨道的社会里，只好多依赖道德。可是，在法治很上轨道的社会里，道德的重要性是不是就自然而然地式微了呢？以欧美各国以及日本、新加坡等国家为例，似乎不然。那么，在成熟稳定的社会里，道德和法律这两者之间的比重和组合，到底是如何呢？

第十五章

美女与野兽

在司法体系里，经济力量依然发挥作用——“杀鸡用鸡刀，割牛用牛刀”，表面上是法律原则，其实是不折不扣的经济逻辑：杀鸡用牛刀，成本太高，成本高的事，常人不会做，司法体系当然也不会浪费资源。

司法女神的容颜

名画《蒙娜丽莎的微笑》令人着迷，但也令人困惑。那浅浅的似有似无的笑意，到底意味着什么？有人说，那个笑容是她知道自己怀孕了；也有人说，那个笑容是她知道自己并没有怀孕！

不过，无论笑意为何，蒙娜丽莎这幅画的产权非常清楚，这幅世界最著名的油画，拥有者是法国卢浮宫博物馆。可是，虽然这幅画的产权一清二楚，蒙娜丽莎的微笑呢？精确一点的说法，是举世的博物馆和美术馆里，有无数的名画、名书法、名雕像等，这些艺术品的"肖像权"，是不是随着原作者逝世五十年后，就丧失了著作权的保障，而成为公共领域里的资源？

因为偶然的机缘，我才知道这件事的曲折。某天，一位过去教过的学生来找我，他向我描述自己成立不久的网络公司。他和台湾、大陆等地的画家签约，把他们的画作制成图片文件，然后加上作品说明和作者生平介绍。

网站的订户，主要是中小学等教育单位。只要每年付一笔费用，全校师生都可以上网浏览，还可以下载相关的图片数据。对于教学和课外活动，这个网站都帮助很大。他精益求精，希望把历代名家的书法和画作，也作同样的处理，使数据库涵盖古今，成为一个网络上的美术馆。可是，当他着手去搜集《清明上河图》、王羲之的书法等，才知道碰上了棘手的问题。

根据《著作权法》的规定，文学艺术等创作的著作权（copyright），在原作者死后五十年消失。然后，著作成为“公物”，任何人都可以自由使用。譬如，安德鲁·劳埃德·韦伯（Andrew Lloyd Webber）的《万世巨星》《艾薇塔》等名曲，还享有著作权的保护，而莎士比亚的剧本，任何人都可以引用或出版。

依循这种思维，《清明上河图》的画作，现在早就是人尽可用的图样，就像莎士比亚的剧本一样。可是，不然。即使在理论上，那幅画的“肖像”（不是画作本身）已经失去了著作权保障的期限，然而，谁能取得那幅画的肖像呢？

在故宫和各大博物馆、美术馆，都有严格的规定，不准摄影。因此，一般人无从得到画作的肖像。而且，这些博物馆和美术馆还发展出一种招数，间接地保有画作等的肖像样——他们请专任摄影师出面摄影，而摄影的作品自然享有著作权！所以，即使是几百年前的艺术品，经过这种安排，等于是凭空延伸了几十年甚至是近百年的著作权保护。等到摄影师过世五十年之后，一般人才可以自由地运用摄影师的作品。

艺术品隐含有形和无形权利

由此可见，《清明上河图》等艺术品，至少隐含了两种权利：这件画作本身，以及衍生出的权利。艺术品的肖像，衍生出著作权，也就受到《著作权法》的保障。可是，明明是几百年前的作品，即使是肖像的著作权，应该也是由原来的艺术家享有，他过世五十年之后，自动消失。为什么在几百年之后，还会由不相干的人士借着摄影复制等方式，变相延伸原艺术品的著作权呢？

兼顾原创者利益和大众福祉

著作权，当然是众多权利之一，而这种权利的意义，就值得和其他权利作一比较。经由对照，或许更容易看出彼此的差异。

土地房舍等不动产，大概是定义最清楚的权利之一。无论天长地久，不动产的权利总是受到保障，只要经过继承、买卖或馈赠的手续，不动产的权利，会无止境地延续下去。在另一方面，发明创新的专利权，一般都定为 17 年。在取得专利之后的这 17 年里，申请人的权利受到完整的保障；17 年之后，专利权消失，任何人都可以运用这种专利。在受保障的期限内，专利持有者等于是市场里的独占厂商，以只此一家的地位，享受特殊利润。因此，当镇静剂利眠宁（Librium）享有专利权时，一颗 15 美元，专利终止之后，价格陡降为一颗 1 美元。

以 17 年的定期保障发明创新，显然有两种功能：一方面鼓励发明创造，让发明者享有自己努力的果实，同时也限定期限，让社会大众也终能同蒙其利。另一方面，对专利权设限，是因为发明专利不像土地房舍，土地房舍看得到摸得着，对一般人和司法体系而言，都容易辨认。可是，专利发明往往是抽象的概念或方法，不一定看得到摸得着，一旦时间拉长，要追踪辨识，困难度愈来愈高。有争议时，以司法来处理的成本也就很可观。有了时间的限制，可以降低司法成本。

著作权，刚好就介于土地房舍和专利权之间。像土地房舍一样，著作权伴随着清晰可见的作品。不过，对于土地房舍，有专门的机构普遍地登记权利；小说剧作美术雕刻等，却没有类似的做法——因为没有必要。因为并不是每本小说都像《麦田捕手》，也并不是每首曲子都是《风中之烛》。当然，著作也像创造发明，既要考虑当事人的利益，也要考虑一般社会大众的福祉。

故宫等博物馆和美术馆里的珍藏，是从千百年来数不尽的艺术品里，被筛选过滤出来的精品。它们既像土地房舍一般的代代相传，也挣脱了专利权年久不可考证的顾虑。而且，它们的身份，不是由官方的机构登录或验证，而完全是由艺术爱好者和一般社会大众所支持。因此，虽然原创者的著作权已经消失，但是借着复制者（特约摄影师）的处理，这些珍品的著作权被巧妙地延伸了数十年。在某种意义上，这成了法律上的特例。不过，任何规则，都隐含了潜在的例外，当例外出现时，也许就值得以特例来处理。

毕竟，即使是《蒙娜丽莎的微笑》或《清明上河图》或其他旷世名作，被延伸的“准著作权”（pseudo-copyright），也不过数十寒暑而已！

高尔夫与言论自由

诺贝尔奖得主科斯曾在1974年发表一篇文章，名为“商品的市场和言论的市场”。文章的主旨，是利用“市场”的概念，分析言论表达这种活动的性质。

科斯认为，媒体、报纸、书刊等，都支持言论自由，反对任何形式的限制的干预和限制。原因很简单，因为他们就像生产一般商品的厂商一样，希望扩充市场，以追求自身的利益。科斯的譬喻，很有启发性，而经济分析以简驭繁的特性，又再次得到明证。不过，在商品的市场里，经济活动的界限通常非常明确，可是在非商品的市场里，活动的范围却往往模糊不明。《亚洲华尔街日报》评论版最近的两篇投书，就生动而深刻地反映了这种差异。

第一篇投书，执笔者是美国“奥古斯塔高尔夫俱乐部”（Augusta National Golf Club）的主席。文章的内容，主要是说明俱乐部所面对的一件官司，以及俱乐部的立场。

奥古斯塔高尔夫俱乐部，位于佐治亚州，也就是每年“名人赛”（The Masters）的所在。“名人赛”当然是高尔夫球界的盛事。阿诺德·帕尔默（Arnold Palmer）、“金熊”杰克·威廉·尼古拉斯（Jack William Nicklaus）、艾德瑞克·泰格·伍兹（Eldrick Tiger Woods），都曾在千万电视观众的眼前，挥出令人难忘的关键推杆。前任球王为新任球王披上绿夹克的传统，也是运动界的美谈。

坚持宗旨谢绝女性

这个球场和俱乐部，在1953年由高尔夫界名人博比·琼斯（Bobby Jones）领衔成立，因缘际会，因为举办“名人赛”而逐渐享有盛名。可是，这个俱乐部只接受男性会员，谢绝女性。刚成立时如此，现在也维持这个传统。最近，一个名为“国家妇女组织联合会”（National Council of Women's Organizations）的女性主义组织，对奥古斯塔高尔夫俱乐部提出控诉，认为拒绝女会员的做法，是歧视女性，违反男女平等的宪法基本精神。

在投书里，俱乐部主席指出，球场并不排斥女性，而且欢迎女性球友。但是，俱乐部是一个私人组织，让志同道合者可以聚会休憩，不受干扰。女童军和卫斯理学院（Wellesley College）等，都是“只准女性”的团体，强制所有的私人组织容纳两性，是对私领域活动不必要的干涉。他表示，俱乐部将维持创立时的宗旨，官司奉陪到底。

男女平等的问题，已经打过无数官司，关键所在，是有没有“其他类似的选择”。因此，西点军校只此一家，经费又是纳税人的钱，只好打破传统招收女生。街上小酒馆林立，因此其中一家挂出“只限男性”的牌子，无关宏旨。奥古斯塔高尔夫俱乐部，比较像西点军校，还是比较像街角小酒吧？让法官去伤脑筋好了。

另外一封投书，至少到目前为止还和官司无关。不过，就影响层面而言，要广泛深远得多。一位哈佛法学院的新生，在研究报告里用了“黑鬼”（Nigs）这个字眼，虽然他是菲律宾裔，可能不了解美国校园里“政治正确”（political correct）的重要性。结果，研究报告贴上网页后，哈佛的黑人学生团体提出抗议。肇事的人公开道歉，风波大概可以就此平息。

模拟审判横生枝节

没想到，一位法学教授以这个事件为例，打算在课堂上举行“模拟审判”（mock trial）。而且，他自己将担任被告的辩护人。因此，风波再起，而且又横生枝节——另一位资深法学教授，在课堂里提到：“就法学论述而言，女性主义论点和少数民族论点的贡献，少得可怜。”他是指在法学上，采取女性主义以及少数民族的观点，并没有带来太多养分；而不是指女性或少数民族的法律学者，作出贫乏的贡献。

可是，学生团体一番抗议，法学院院长从善如流（？），立刻作出明快的处置。打算模拟审判的教授，他的课改由一位助理院长担任。出言不当的教授，从此上课时有全程录像。表面上的理由，是让那些在现场会觉得言论刺耳、身心不适的学生可以看录像带，避免身临其境。实际的理由，当然有观察监督教学的意味。

这一连串的事件和处置，到底是尊重每个人的自由还是限制每个人的自由？

在观念上，大学校园当然是追求真理的殿堂。象牙塔的好处，就是能摒去弥漫社会的诸多干扰因素，就事论事，不论事情的真相是多美多丑。因此，如果女性主义和少数民族的论点，没有添增新的养分，当然值得（甚至是应该）探讨。事实上，如果女性和少数民族的学者本身，在论述的质和量上相形见绌，为什么不能“让证据来说话”？同样的，通过模拟审判，可以在受保障的环境里，仔细检验纠结多刺、令人难受的问题。以活生生、血淋淋的事例为教材，难道比不上那些年代久远的历史名案吗？法学教授勇于尝试的做法，应该受到肯定和鼓励才是！

然而，大学校园毕竟也是社会的一部分。哈佛法学院，无从自外于校友、社会大众、媒体舆论。而且另一方面，校方当然也不能忽视校园里学生和老师们的感受。因此，尊重现实承认现实里的局限，也是负责的态度。不过，现实毕竟只是一连串事件的累积，大学校园的功能之一，就是容许和鼓励批判现实，开风气之先。大学可以是带动社会进步的先驱，而不是屈服于现实的波臣。

也许，这就是商品市场和真理市场的差别之一。在商品的市场里，用供给和需求来分析已经绰绰有余；在真理的市场里，讨论供给和需求之前，还有许多麻烦的问题需要先处理。也许，官司过后，奥古斯塔球场会开始举办“女子名人赛”（The Lady Masters）？

“美女与野兽”

《美女与野兽》的故事，总是很吸引人。不过，大概很少人认真想过，吸引人的主要是美女还是野兽，还是两者的结合？

台湾南部曾经发生过一件罕见的意外。一个俄罗斯的马戏团到台湾巡回表演，在转移阵地时，用小货车载运其中的一只老虎。老虎关在栅栏里，车外有马戏团的广告，也有警告的标示。但是意外不长眼睛，说来就来。小货车遇上红绿灯，停在路口，路过的一位妇女（四十二岁，资深美女）一时兴起，把手伸进笼子里想摸摸这只“大猫”。“大猫”不领情，一口咬下妇人整只手掌，吞进肚里。妇人愣在原地，完全没有料到老虎动作竟然如此敏捷。

意外已经发生，当然要设法善后。那么，谁该承担这桩意外的责任呢？

很多人会认为，那位妇人应该负责。老虎会吃人，即使不是天经地义，也是路人皆知。又不是三岁小孩，自己去招惹老虎，是自找麻烦，当然应该自己负责。大概还有很多人会认定，马戏团和妇人都要负责。马戏团没有把老虎关好，让人受伤，即使是妇人自己招惹，马戏团也有疏失。因此，虽然双方责任如何划分可能有争议，可是造成这件意外，双方各打五十大板，合情合理。

判例违反常识

第三种看法，大概是绝无仅有的少数意见，也就是马戏团要负完全责任。虽然这种看法有点违反“常识”，却符合法学传统，而且历史上确实有类似的判例。

老虎，是极端危险（ultra dangerous）的东西，当有人把这种东西带到一般人活动的场所，等于是把潜在的危险带到别人的身边。即使一般人知道老虎危险，通常也只是一种模糊的认知，在一般人的生活里，谁知道老虎的习性到底如何，动作又有多敏捷？

因此，造成意外发生的主要原因，不是在妇女伸手去摸老虎的那一刻，而是更早的那个时点——是马戏团把老虎带到大马路上的那个时刻！先出现了这个潜在的麻烦，才会有后面真正的麻烦。而且在性质上来说，潜在的危险甚大，但是防范意外的成本却甚小。只要把老虎装在笼子里，再放在一辆较大的货车里，以“回”字形的方式来运送，就不可能有手脚伸进笼子里的事。或者在运送途中，货车后面跟着其他护送车辆，可以随时处理靠近的人车。

事实上，“老虎伤人”只是个案，通则更为重要：在一般人正常工作活动的场所，如果有人带来潜在的重大危害，当然要负起责任。譬如，载运工程用的炸药时，自然不能像载运黄豆玉米一样。运钞车要有特别的铁甲同时武装护送，也是为了处理大笔现金所隐含的危险。还有，如果小偷跳进别人的后院准备闯空门。那么，小偷大概有心理准备，可能会碰上恶犬，但是小偷大概不会期望，会碰上一只鳄鱼。所以即使是小偷，都有权利免于面对“极端危险”的情境，更何况一般的人！

野兽不一定是野兽

当然，老虎咬断手掌的事件，相对的还算单纯。老虎就是老虎，美女就是美女，要防范意外也很容易。可是，当野兽不一定是野兽，但必须和美女关在同一个笼子里时，情形可能要复杂得多……

几年前，台北市出现了一位号称“电梯之狼”的年轻人，专挑单身女子下手。在利刃恐吓下，好几位受害人在搭电梯时遭受狼吻。落网之后，年轻人入狱服刑，而且接受心理辅导，同时也参与进修课程，不断自修。

然后，年轻人参加大学联考，考上台湾大学社会工作系。这时候，年轻人已经完成心理辅导，也符合假释的条件。灰暗的过去，即将消逝；光明的未来，就在眼前。只要两个单位点头，年轻人就可以成为台大的新鲜人，迎向璀璨的前程——只要假释委员会同意，他就可以出狱，只要台大校方系方同意，他就可以成为台大的一分子。

忧虑成助纣为虐共犯

然而，消息曝光之后，事情有了微妙的转折。在舆论压力之下，假释委员会迟迟不作决定。另一方面，虽然校方和系方都公开表示，欢迎洗心革面的年轻人。但是私底下，同学、家长和老师们，都再三踌躇犹豫。万一呢？万一他故态复萌，又对系上或校园里的女生侵袭，怎么办？万一他毕业之后在工作上对受他辅导的对象侵犯，校方不是变成助纣为虐的共犯吗？

这个版本的“美女与野兽”，确实要复杂得多，怎么处理比较好，也的确费人思量。年轻人和老虎最大的差别是，年轻人是人而老虎是老虎。这似乎是不言自明的废话，其实不然。因为，即使经过多年的驯养训练，老虎还是老虎，继续受到身为老虎的特殊待遇，无论是好是坏。这是老虎的“原罪”，但也是人们处理老虎最简便容易的方式。

相反的，年轻人虽然犯了错，而且造成的伤害可能猛于虎。但是，一旦他接受惩罚再回到社会，人们还是把他当作平常人——法律这么规定，其他的人们也希望他能往者已矣、重新做人。除非他犯的是类似恋童症的罪行，除非他一犯再犯、三振出局，否则他出狱后的工作、求学、居住等，不会有差别待遇。如果他是恋童症或三振出局，那么他变得“危险甚大”，这时候，他已经接近老虎，而不再是一般人。

《美女与野兽》的故事，总是扣人心弦。不过，老虎就是野兽，不会变成美女。年轻人可以不是野兽，但是可能成为野兽。美女呢？除了有时候是天上掉下来的礼物之外，是不是也可能成为野兽？

琢磨

这一章里的三篇文章，都在探讨法学问题。最直接的启示，就是具体的麻烦（老虎）容易处置，抽象的麻烦（狼人）难处理。因此，在司法体系里，经济力量依然发挥作用——“杀鸡用鸡刀，割牛用牛刀”，表面上是法律原则，其实是不折不扣的经济逻辑：杀鸡用牛刀，成本太高，成本高的事，常人不会做，司法体系当然也不会浪费资源。

第二个关于言论自由的故事，透露出一个值得注意的警讯。在校园等公共领域里，因为政治正确或其他因素的考虑，言论的空间日益缩小。遣词用字温和而不伤人，固然是文明的表征，但这可能只是避免冲突（和官司）的生存之道而已。蓄积的情怀，反而可能会在私领域里宣泄。这是不是意味着，另一种无形的壁垒正在悄悄地形成？这是不是也意味着，人都该发展出多重人格，随时变换因应？

第十六章

特别来的不速之客

对于华人社会而言，法治多半还停留在“依法而治”和“人治”的纠缠里。发展经济，只要让每个人自由地参与经济活动就可以逐渐有成果；发展法治，又有什么适当的途径呢？

特别来的不速之客

在婚礼和大宴宾客的场合里，偶尔会出现一两位神秘人物。他们既不是双方的亲友，也不是当事人的长官或同事，大家心知肚明，他们是不请自来吃白食的人。如果他们中规中矩，只是吃饭喝酒而已，别人就算心里不舒服，多半也只是睁一只眼闭一只眼。可是，如果他们除了吃喝之外，还在收礼的地方拿别人送的礼金，这种行径主人是否可忍？

对于这种得寸进尺的嚣张行为，有人自认倒霉，息事宁人不愿意触霉头，可是有人却认为权益受损，要到官府里去讨回公道和礼金！在本质上，道格拉斯和泽塔—琼斯的官司，大概就是这么一回事。

迈克尔·道格拉斯（Michael Douglas），是美国非常著名的电影明星，曾主演《致命的吸引力》（*Fatal Attraction*）——中年男子一时性起，有了一夜情，女方不放手，使男方几乎致命。男主角的父亲，是老牌影帝柯克·道格拉斯（Kirk Douglass）。对于儿子在片中的表现，他的评语是：儿子性格如此，演来自然入木三分！凯瑟琳·泽塔—琼斯（Catherine Zeta-Jones），是英国韦尔斯地方的美女，出身平常人家，身材和演技一样动人。道格拉斯一见之下，惊为天人，因此花了大笔赡养费和原配离婚，另娶新欢。

声称隐私权受损

他们的婚宴，号称世纪婚礼。2000 年 11 月 18 日，在纽约豪华的皇冠假日酒店（Plaza Hotel）举行。宾客有 350 位，花费近百万。他们还请了专任摄影师，录下整个过程——不是为了做纪念，是为了赚钱！他们把拍摄婚礼过程的权利，以 100 万英镑卖给英国的 *OK！* 杂志。自己办终身大事，别人大肆报道，还有白花花的钞票进口袋。所谓金童玉女的说法，从此有了新的内涵。

当然，十全十美的事毕竟少有。*OK！* 杂志的死对头 *Hello！* 杂志千方百计地派出狗仔队混进场。这一位（或几位）特别来的不速之客，照下一些不甚唯美的照片。*Hello！* 抢先刊出的照片里，有一张是新郎喂新娘吃蛋糕，两人动作稍稍滑稽，新娘身材似乎有点臃肿。原来明明是一桩美事，现在似乎却成了闹剧和笑柄。

男女主角大动肝火，认为隐私权受损。他们提出告诉，要求 *Hello！* 杂志赔偿 50 万英镑。同时，*OK！* 杂志也提出告诉，认为 *Hello！* 杂志刊出的那些未经授权的照片，影响了 *OK！* 杂志的销路，他们要求的赔偿，是 175 万英镑。不速之客带走的礼金，显然并不是小数目。

虽然事情发生在美国，但是因为牵涉的是两个英国杂志，所以在英国打官司。对于这桩官司，美国媒体报道的并不多，英国的媒体里，却有大篇幅的报道和评论。有一位律师表示，婚礼本质上就是公开的仪式，所以证婚人最后会问："有谁认为他们不该结成夫妻的，现在请出声！"因此，道格拉斯夫妇认为隐私权受损，说不过去。

官司好似连续剧

还有人认为，世纪婚礼在前，官司在后，这些都是男女主角的表演。他们的争执，既无关国计民生，又有伤教化。说不定，这是男女主角和两个杂志串通好，精心设计的连续剧。因此，法庭应该以“无关宏旨”（no merit）为理由，驳回官司。

不过，这件官司即使真的是连续剧的一环，对法院来说也不能掉以轻心。因为这是英国签署欧盟的“人权公约”之后，第一件有关隐私权的官司。在英国传统的习惯法和欧陆的大陆法系之间，法院会如何取舍求全，可以说备受瞩目。不速之客引发的纠纷，不只是区区礼金而已……

由“往前看”的观点着眼，如果认定 *Hello!* 杂志无罪，以后狗仔队想必会更为猖狂。对名流闻人隐私的窥伺，显然更会不加收敛。可在另一方面，如果认定 *Hello!* 杂志确实侵权，道格拉斯夫妇权利受损，那么这等于是为未来的世纪婚礼、世纪华诞、世纪葬礼铺路。公众人物在享受各种特殊地位之外，还将受到法律保护，进一步强化经济上的优势。

似乎，两种取舍都不讨好，不过，法院里的官司本来就是如此。如果是非分明，根本不会闹进法庭里。然而追根究底，这件官司的重点还是在这场婚礼的性质和方式上。对道格拉斯夫妇而言，如果他们真的希望这是一个“私人的”仪式和喜事。那么他们可以像麦当娜、披头士麦卡尼等人一样，在真正偏远的场所举行婚礼，请一二十位至亲好友相聚。婚礼在纽约最热闹的旅馆之一登场，又邀请了 350 位宾客，还有数百位服务生进出，很难说这是私人的、隐秘的活动。

公开的私人场合

因此他们的婚礼，不能算是真正的私人仪式，他们作为的性质，其实是刻意设计和营造的一种“公开的私人场合”（a public private-occasion）。对于这种场合里公众人物的隐私，法院值得保障，但也只是有限度的保障而已。用世俗的话语来说，他们选择锦衣昼行，难免在锦衣上招惹来一些尘埃。

而且，他们不是花钱请摄影师为这个场合留下记录，他们是把这个场合卖给出价最高的杂志。既然是商业活动，有营利的性质，当然就值得承担相关的考验。就像拿高薪的职业球员一样，他们要承担激烈竞争下的冲撞和对手有意无意的犯规。道格拉斯夫妇希望营造王子公主、才子佳人的神话，同时就要准备面对那些真实的但不十分美好的片断。试想，如果350位宾客里，有任何一位带了袖珍摄影机照了相，照片上了杂志，那么结果还是一样，难道道格拉斯夫妇的官司仍然成立吗？

这么看来，问题的根本不在于那位（或那几位）特别来的不速之客，诱发问题的，是道格拉斯夫妇自己。他们引发问题，然后希望法庭（也就是纳税义务人）帮忙解决，这样的戏码，不知道有多少人愿意买票入场观赏？

救活以就死

司法和医学，是两个古老的行业，也是两个古老的学科。他们各自都有高贵的传统，也有历代辈出的英雄豪杰，更有数不尽的传世论著。除此之外，这两个领域还有一个共同点：他们都有明确的最高指导原则，一以贯之。在司法里，追求和实现公平正义，是不二法门；在医学里，救人一命，胜造七级浮屠。

可是，如果救人一命的目的，是救活之后这个人就可以被处死，那么面对这种情形，医学界人士怎么想？对医学界人士而言，这的确是个难题。不过，无论医学上怎么看、态度如何，在司法上，已经作出取舍！

查尔斯·L. 辛格尔顿（Charles L. Singleton）是死刑犯。在 1979 年，他抢劫一家便利商店，而且杀害了商店店员。被判处死刑之后，他就一直待在美国阿肯色州的监狱里，一边尝试各种司法救济的途径，同时也准备执行死刑。可是，在漫长的岁月里，他罹患严重的精神疾病。他常常觉得有鬼要向他索命，因此陷入精神错乱。不过，如果他服下一些药剂，情况会缓和下来。因此，就出现了两难。

丧失理智者免受死刑

根据美国联邦最高法院的裁定，精神错乱的人不能处死。如果辛格尔顿不吃药，精神状态时好时坏，就不得处死。可是，如果他服了药，精神状态稳定，意识清楚，就可以执行死刑！所以，问题不是“在精神错乱时行刑还是在意识清楚时行刑？”如果有选择，可能大部分人会选择前者，何必在神志清醒时，去经历心神上的凌迟和折磨。

现在的问题，是狱方能不能强制用药，使辛格尔顿情况改善，好到能够处死？根据联邦上诉法院作出的判决：可以！狱方可以强迫辛格尔顿服药，而吃药的唯一目的，就是让他精神稳定、意识清楚，之后可以接受死刑。

判决是6比5，显然赞成和反对这两种立场都论述有据，而且双方针锋相对僵持不下。多数意见认为，医疗的作用是使人的生理情况改善，至于生理情况改善之后会发生什么事，医生无须操心。这种推论，当然言之成理：病人痊愈出院之后，可能遇上车祸横死，可是医生无须也无从操心后半段，只要治好病人这前半段就好。

少数的一方，当然也振振有词。在一般的情形下，医生的责任就是把病人治好，病人好了之后的所发生的事，和医生无关，也无须医生操心。可是，在辛格尔顿的事例里，情况并不是如此。医生可以明确地体会到，改善病人的情况，并不是终极目的，终极目的是让病人好到可以处死。因此，医疗真正的目的，不再是使病人情况改善，而是使病人情况恶化。在观念上，这当然违反医疗的基本信念。

少数意见的建议，是走第三条路。不是袖手旁观，让辛格尔顿自生自灭；也不是强迫用药，让他好到可以上行刑台。第三条路，是强迫用药，但是不执行死刑。辛格尔顿因为面临行刑而陷入精神错乱，已经受够折磨。而且，根据联邦最高法院的裁定，丧失理智者免受死刑。因此，可以先认定辛格尔顿已经丧失理智，免受死刑，然后再在这个基础上，对他强制用药。如果他情况好转，就在监狱里度过余生，而无须再面对死刑的威胁。

少数派的意见，似乎也言之成理。不过，除非这个官司打到联邦最高法院，而联邦最高法院作出不同的裁决，否则辛格尔顿的命运，将变成像荒谬剧里的一幕：先服药恢复理智，然后在神志清醒的情形下，接受死刑。——这时候，到底医生是妙手回春，还是助纣为虐？还有，到底医生是刽子手，还是最后行刑的才是刽子手？

然而，由某一个角度来看是荒谬剧，由另外一个角度来看，却又未必如此。在常情常理下，对辛格尔顿强制施药，等情况稳定之后再行刑，确实令人犹豫迟疑。可是，如果辛格尔顿的刑罚不是死刑，而是无期徒刑或十年有期徒刑，那么当他精神错乱时，医生可不可以强制施药使他病情稳定，或比较接近正常呢？

目光如豆有正面意义

如果可以，那么前后两种情况，在本质上不是一样吗？服药之后，恢复正常，然后继续服刑接受处罚，不同的地方，只是在于徒刑和死刑的差别而已。因此，在维持法律体系完整的考虑上，也许把过程切割开来，分别处理各个环节，确实比较好。当医生用药时，只需要考虑如何改善病人的生理情况；当监狱执行死刑时，也只需要考虑到在那个时点上犯人的精神状态是否稳定正常。让医疗的归医疗，让司法的归司法，目光如豆，见树不见林，也有正面的意义！

由经济分析的角度来看，美国上诉法院的判决，也有相当的启示。在经济活动里，通常是片断、独立、单一的交易，由许许多多个别的经济活动，再累积成整个经济体系的状态。经济分析所强调的效率，是界定在个别的交易上，而不是直接处理最后的整体。原因很简单，处理个别的交易，多半涉及小利小害，得失非常清楚。一旦范围扩大，要衡量和评估大利大害，就愈来愈难。所以，容易做的事，成本低效益高，值得多做；不容易做的事，成本高效益模糊，就值得仔细斟酌。

这种体会，当然可以作一般性的衍生，无论是在医学领域还是在司法领域里，在追求各自的价值时，最好有利弊得失上，也就是成本效益方面的考虑。事实上，不仅是医学和司法这两个领域，在其他任何的领域里也是如此。在追求任何价值时，都值得有意识地斟酌，如何提升那种价值的刻度以及同时所隐含的得失利害。

“如果”让辛格尔顿服药恢复神智的，就是最后为他注射行刑的人，那么医学、法学、经济学、心理学……会怎么看这个问题呢？

窃钩者当诛？！

莱安德罗·安德雷德（Leandro Andrade），偷了150美元的录像带，结果被判50年徒刑，而且不得假释；加里·尤因（Gary Ewing），因为偷了3支高尔夫球杆，被判了25年，也不得假释。这些判决，似乎都不可思议，简直是践踏人权。可惜，这些令人讶异的处罚，都发生在号称民主法治最上轨道、人权最受保障的美国。当然，故事要从稍早的时刻开始说起……

1994年左右，有个累犯服完一半的刑期，假释出狱。没多久，他绑架了12岁的女孩波莉·克拉斯（Polly Klass），然后冷血无情地杀害了那个年轻的生命。这件事黑白分明，人神共愤。既是累犯，又是假释出狱，竟然不知悔改。让这种人逍遥在外，简直是让定时炸弹在街上游荡。在民众强烈的支持之下，加利福尼亚州议会通过了“三振出局法”（Three Strikes Law）——只要是第三次犯刑事案，无论罪过大小，自动三振出局，刑期至少25年，而且不得假释。有了这种法律，再也不会发生类似不幸的事件，真是人人称快。一时之间，美国其他各州纷纷响应，通过各式各样的“三振出局法”。而几年下来，在加利福尼亚州一地就已经有7000位累犯被三振出局。“三振出局法”，真的是剑及履及、立竿见影。

然而，“三振出局法”的缺失，也逐渐显露。在某些州里，第三次“犯行”必须是犯了伤害抢夺案等重罪，才会被三振出局。可是，加利福尼亚州的法律却不问轻重，只要是第三次犯案，无论大小一体适用。结果，就出现了安德雷德和尤因的情形——犯了芝麻绿豆大的错，却受到严厉无比的重罚。在加州7000位被三振出局的犯人里，就有300位是犯了“窃钩”式的微罪（petty crimes）。

那么，用牛刀杀鸡式的“窃钩者诛”，是不是违宪？美国《宪法》第八修正案标明：犯错者不得受到残酷和不寻常的惩罚（cruel and unusual punishment）。“三振出局法”，尤其是像安德雷德和尤因的例子，是不是违反了美国《宪法》?

美国联邦最高法院刚刚作成判决，以5比4的票数裁定加利福尼亚州的“三振出局法”并没有违宪。因此，安德雷德和尤因，注定要在加利福尼亚州监狱里待上50年和25年——因为他们分别偷了9盒录像带和3支高尔夫球杆！

联邦最高法院的理由主要有两点。一方面，美国《宪法》规定，不准有残酷和不寻常的处罚，这主要是指截肢、鞭刑等刑罚。到目前为止，《宪法》并没有排斥死刑，因此刑期为25年或50年，并不算残酷或不寻常。也就是说，最高法院的立场，是把“犯行”和“惩罚”分开来处理，不是针对“偷150美元商品判50年”这整件事来评估是否残酷或不寻常，而是只看“惩罚”这一部分。

另一方面，联邦最高法院的多数意见认定，各州有各州的立法权，只要事权属于各州，就应该尊重各州的自主权。如果加利福尼亚州的民众认为“三振出局法”不合理，那么他们应该通过自己的民意代表修法改善。联邦最高法院无须借箸代筹，替美国民众决定他们该立哪种法律！

联邦最高法院的这两种见解，可以说都有可议之处——要不然，不会四位大法官投反对票。只针对“惩罚”而不管“犯行”，是曲解《宪法》的原意。如果将来有某位老兄第三犯出局，是因为偷了一瓶可乐，结果被判 25 年，那么这种结果，相信绝大多数的人都会认定是“残酷而不寻常”。而且，“惩罚”的原意，就是要呼应“犯行”，最高法院把这两者分开处理，本身变成玩弄文字游戏的刀笔之吏。

关于尊重各州的立法权，表面上合情合理，其实未必。当初通过“三振出局法”时，是着眼于类似谋害波莉·克拉斯的累犯，对民众的安危，这种人有重大的影响。可是，如果当初问选民和民意代表，偷 150 美元的小偷，没有公共安全的顾虑，是不是适用“三振出局法”坐牢 25 年或更久？相信绝大多数的民众，会把这些鸡鸣狗盗的琐碎小罪排除在外。

因此，当时是激于一时的民愤，考虑并不周详。现在“窃钩者诛”的副作用显现时，联邦最高法院刚好以司法最后长城（gate-keeper of the last resort）的地位，认定加利福尼亚州的法律违宪。这么一来，不只是加利福尼亚州，其他有类似问题的各州，刚好可以借机修法。否则，联邦最高法院放手不管，让各州自求多福，不过是徒然延长当初立法不周所产生的苦楚而已。

因此，后世看来，联邦最高法院认为“三振出局法”不违宪，几乎必然是毁多于誉。不过，比较深刻的问题是，如果联邦最高法院坚持立场，而且加利福尼亚州也不修法，那么长此以往，“三振出局法”会造成什么影响呢？

最明显的，当然是“窃钩者诛”的现象还会延续下去。因为生理或心理因素或一时冲动，犯下第三次过错的小偷小盗，将在监狱里逐渐累积。其次，法律的公平性，也将持续受到考验。被三振出局的人，可能是犯下持械抢劫或企图杀人的重罪，但是也可能是顺手牵羊偷了一瓶可乐。无论罪行类别和轻重大小，都被三振出局，这不只是鸡兔同笼，而且几乎是黑白不分。

最重要的，是人们对公平正义的认知，从此要重新雕塑。对于罪与罚之间的关联，一般人都有大致上的拿捏。可是，“三振出局法”特别是安德雷德等事例，却逼使人们要修正原先的认知。无论前两次过错如何，第三次失足就要落入万丈深渊，就要“窃钩者诛”。在其他的范围里，或许也就要类推适用：第三次迟到的学生、第三次早退的员工、第三次吵嘴的夫妻、第三次偷腥的丈夫、第三次结婚（离婚）的怨偶……社会大众能接受这种尺度吗？如果一般社会大众在律己上没有这么精确，为什么要求其他犯错的人要如此精确？

被三振出局的球员，轮完一圈之后，还有再上场打击的机会。适用“三振出局法”的人，则至少要在25年之后才能再享自由——再有偷150美金录像带或一瓶可乐的机会！

琢磨

在英美的主要报纸（《泰晤士报》、《纽约时报》等）里，都有关于法律的专题报道。或是每周固定出版专刊，或者有专人执笔的专栏。这些专刊或专栏，定时报道联邦最高法院的判决，并且评论分析。因此，法律不只是司法专业人员的事，也为一般读者（社会上的公民）所关注。法治社会的维系，就是由这些点点滴滴的做法所支撑。对于华人社会而言，法治多半还停留在“依法而治”和“人治”的纠缠里。发展经济，只要让每个人自由地参与经济活动就可以逐渐有成果，发展法治，又有什么适当的途径呢？

此外，关于道格拉斯夫妇的官司，*HELLO！*杂志被法院判决付给道格拉斯夫妇1.46万英镑的肖像权被侵害经济赔偿，从而为这场持续两年多的名人肖像权侵害官司画上了句号。不过，我在文章里提出“公开的私人场合”的观念，相信以后会适用于很多类似的官司上。

东方知行社 · 书目（部分）

熊秉元:《正义的效益：一场法学与经济学的思辨之旅》
熊秉元:《效益的源泉：捕捉生活中的经济学身影》
熊秉元:《正义的成本：如何理解法律经济学思维》(套装)
熊秉元:《正义的成本：当法律遇上经济学》
熊秉元:《解释的工具：生活中的经济学原理》
熊秉元:《优雅的理性：用经济学的眼光看世界》

马立诚:《最近四十年中国社会思潮》
刘军宁:《保守主义》
张　静:《法团主义》
李　强:《自由主义》
徐　迅:《民族主义》
俞可平:《社群主义》

张　鸣:《帝国的溃败》
田定丰:《人生岂能辜负：翻转命运的 66 个关键词》
王小妮:《1966 年》
王小妮:《月光》
徐　迅:《陈寅恪与柳如是》
朱大可:《华夏上古神系》
杨连宁:《中国人为什么活得累》
高　昱:《人民需要放鞭炮》
陈国平:《光辉岁月：美国民权英雄心灵史》

陈海　金凌云:《一九八四：企业家归来》
阿尔法工场:《跑赢不确定的未来》
[日]田中道信:《销售之魔之成长篇：销售之魔》
[日]田中道信:《销售之魔之方法篇：态度决定能力》
[日]田中道信:《销售之魔之理念篇：营销的秘诀》
[日]田中道信:《销售之魔之终极篇：决策层的营销课》

谢作诗:《人人都是“资本家”》
文贯中:《吾民无地：城市化、土地制度与户籍制度的内在逻辑》
贺雪峰:《城市化的中国道路》
贺雪峰:《回乡记：我们所看到的乡土中国》

……